平信徒が読み解く『ロマ書』

矢内原忠雄、藤井武および内村[illegible]

平本　潤

表紙カバー

剣と聖書を持つ聖パウロ ©duncan1890

まえがき

私は、二〇一四年一二月に、拙い小冊子『中村勝己と矢内原忠雄』を自費出版しました。私の生涯の師であり霊における父である中村勝己先生（一九二四年〜二〇一三年、慶應義塾大学経済学部名誉教授）への計り知れぬご恩に対する感謝を表すためのものでした。そして、その小冊子を以下の言葉で締めくくりました。

最後に、私は、以下の先生のお言葉を、私への遺言として受け止めています。

ただ、とにかく『矢内原全集』二九巻を頭からお終いまで繰り返し繰り返し徹底的に読みくだくぐらいのことは誰かがもっとやる必要があると思います。『内村全集』についてもそうだと思います。それは誰でもできるというわけではないけれど、本を読むことがそれほど億劫ではない人はそうする義務があると思う。霞んでいたんじゃ駄目ですよ。しかし私はもう七十歳ですから、若い世代の人にその先をやってもらいたいですね。（『現代とはどういう時代か』、江ノ電沿線新聞社、二〇〇五年、二六〇ページ）

私の能力では手に負えない大きな生涯にわたる仕事ですが、引き続き挑戦していく覚悟です。先生、どうかこのような私を天からお導き下さい。

私は、その仕事として、矢内原忠雄と内村鑑三の聖書講義を読み解くことを選択しました。そこに藤井武を加えました。藤井は、内村の愛弟子で矢内原と最も近しい関係にあり、中村先生が師矢内原との一九歳の若き日の出会いのなかで話題にした、一九三〇年四二歳にして逝去した独立伝道者です。対象としたのは、『創世記』、『イザヤ書』、『福音書』、『ロマ書』これらの講義でした。ようやく、『ロマ書』について読み解くところまで、たどり着くことができました。『矢内原忠雄全集』と『内村鑑三全集』を繰り返し繰り返し徹底的に読みくだくことは、中村勝己先生とのこれからも続く生涯の約束ですが、これで一つの小さな区切りはついたと、少しだけ胸をなでおろしているところです。

矢内原忠雄、藤井武および内村鑑三の著述からの引用は、『矢内原忠雄全集第八巻（岩波書店、一九六三年）』、『藤井武全集第六巻（岩波書店、一九七一年）』、『内村鑑三全集第六巻（岩波書店、一九三二年）』から行いました。煩雑をさけるため、最初の引用箇所以降については、ページ数のみの表示としました。『内村鑑三全集』については、新版（岩波書店、一九八〇～四年）が編年のため、内容別分類による旧版（岩波書店、一九三二～三年）を利用しました。

なお、その他の文献も引用させていただきましたが、著者名については、全体の統一性を考慮して、非礼ながらすべて敬称を略させていただきました。

　なお、イエス・キリストについて、私が、自身の読み解きについて述べている部分では、イエス・キリストとイエス、両方の表現を使い分けたつもりです。歴史上の人物としてのイエスを強調したい場合は、キリストをはぶいて、イエスと表現しました。歴史的事実に対して、信仰の問題を持ちこまないためです。イエス・キリストという表現を使う場合は、そこに復活し再臨する信仰の対象としてのイエスという意味をこめています。ご理解いただければ幸いです。
　今回も、このような拙い書きものに対して、数々の助言をし、また労を厭わず校訂し一冊の書物に仕上げてくれた、かんよう出版松山献社長に、こころより御礼申上げます。

二〇二三年一二月

平本　潤

平信徒が読み解く『ロマ書』

―矢内原忠雄、藤井武および内村鑑三を通して―

目　次

平信徒が読み解く『ロマ書』

―矢内原忠雄、藤井武および内村鑑三を通して―

はじめに

『ロマ書』を矢内原忠雄、藤井武および内村鑑三を通して読み解くにあたって、『ロマ書』という巨大な圧倒されてしまう対象に対して向きあっていくさいに、西洋中世史家橡川一朗（一九二〇年～二〇一九年）は、忘れてはならない視点を私に与えてくれました。

橡川が「社会的な罪から内面的な罪へ」（『近代思想と源氏物語』、花伝社、一九九〇年、三九～四二ページ）という表題で指摘した内容に答える形で、『ロマ書』を読み解くことの重要性を痛感しました。その内容を紹介していきたいと思います。

橡川は、イエスやパウロが生きた時代の奴隷制という社会制度に焦点をあてて、罪の問題を論じています。

キリストの言行を記した『新約』聖書のうち、真に独創的なのはマタイ伝（五の四四）の次の教えで、「愛」は特別の意味を持つ（聖書協会連盟訳『旧新約聖書』等参照）。

汝の敵を愛せよ。

この敵（エネミー）も、特殊な意味を持っている。というのは、この句の前後は「仇討ちの習慣をやめよ」という主旨で一貫しているからである。（同、三二一～三ページ）

あくまでも「仇討ちをやめよ」と言うことは、キリストが住んだころの西アジアでは「奴

隷制をやめよ」と叫ぶに等しかった。（同、三四ページ）

迫害がキリスト教の反体制的な性格に由来したことは明らかであるが、当時にあって反体制思想の最たるものは、奴隷制批判だったに違いない。（同、三七ページ）

橡川は、イエスの反体制思想をこのように明らかにしたうえで、『ロマ書』について語っています。

さてロマ書（五の八〜九）の次のことばは、パウロがキリストをどのように見ていたかを、もっとも的確に表現している。

われわれに対して神の愛を顕現させてくださった方。しかもわれわれがまだ罪びとであったにもかかわらず、そうしてくださった方。そのイエス＝キリストは、あのとき、われわれの代わりに死に就かれたのだ。

ここで罪びとの罪（英語シン sin）とは、法律上の罪（クライム）ではなくて、外からは見えない、各人の心の中の罪をさす。その意味では、すべての人が日ごと夜ごとに罪を作っている。よくよく反省してみれば、万人が恥ずべき罪びとである。「そういう恥ずかしいわれわれの魂を救うために、キリストは残酷な刑を受けて死んだのだ」とパウロは言う。「キリストは自らの死によって万人の罪を許してもらい、その結果、人間は神の慈愛を受けられるようになった」とパウロは説くのである。

これは、あの革命家キリストのイメージとは、ひどく違うように見える。しかしじつは、共通点がある。というのは、革命家キリストが対決したのも人間の「罪」、つまり奴隷制という社会制度上の罪悪だったからである。要するにパウロは、キリストが問題にした罪を、社会的な罪から、内面的な罪へと転換したのである。（同、三九〜四〇ページ）

パウロによる「社会的な罪から内面的な罪へ」という転換は、キリストの教えを、革命の論理から宗教的な信条へと変換させた。それは一見キリストの真意を歪曲したようで、その実、キリストの教えを永遠に生かすことになった。というのは、奴隷制社会のただなかで奴隷制を正面から否定すれば、誰しもキリストと同様に虐殺されるだけで、その論理も抹殺されてしまうからである。それに対してパウロの説いた「内面的な罪」は、人間が他の人間を奴隷として虐待するという罪悪をも含んでおり、しかも正面から社会制度を非難してはいない。そしてパウロによって変換されたキリストの教えは、それから千数百年をへて、市民革命の理論に大きな影響を与えた。（同、四〇ページ）

反体制の政治犯として十字架刑に処せられたイエスの言葉と活動、そこでイエスが問題にした社会的な罪、それをパウロが『ロマ書』において内面的な罪との関係においてどう受けとめたのか、椽川はそこに「転換」があったと主張します。この視点は、『ロマ書』を矢内原、藤井および内村を通して読み解く場合においても、重要な視点であると私は考えています。

新約聖書学者である田川建三（一九三五年〜）のパウロのとらえ方を紹介することで、椽川の論点と重なる部分があることを、ここで紹介したいと思います。田川も、ローマ帝国の奴隷制に対するパウロの思想構造を問題にしています。

つまり、ここで何が起こっているかと言うと、一言で言えば、現実と観念とが逆転しているのです。この「逆転」ということを少し説明しなければいけないと思いますけれども、つまり、こういう場合、奴隷存在とはまさに自由ではない、で、その自由でない奴隷に対して、古代社会ではいわゆる自由人、階級としての自由人があるわけです。これは今日のような意味で、自由な人間というのではなくて、階級として「自由人」という階級があるわけです。現実に自由、社会的に自由な奴と、社会的に全く自由を持っていない奴隷とがいるという社会的な現実の問題を前にしながら、信仰の場にあってはすべての人間が全くとらわれないで自由ですと言うとすれば、そういうところで言われる自由は、これはあくまでも観念的な自由にしかすぎないことは申すまでもありますまい。ただしつけ加えておきますが、観念において自由であることは、それはそれで重大なことなのですから、その場合に、それは観念にしかすぎないと言って馬鹿にすることはできないのです。我々にとって観念の世界において自由であることは、これはこれで実は非常に重要なことなのです。

（『思想的行動への接近』、呉指の会、一九七二年、二〇五～六ページ）

それに対して、私が逆転と言いますのは、それがパウロの場合には、その観念の世界における自由であるものこそが現実の自由なのであると、そして現実の世界おける自由は、これはいわば、幻想にしかすぎないという、そのように主張するので、ですからそれで現実と観念とが、そこでひっくり返って逆に考えられてくるという、そういう思想構造の問題なわけです。その点をよく誤解しないようにしていただきたいと思うわけですが、決して、観念的な自由を持つことが悪いと言っているのではないのです。あるいはそれがどうでもいいと言っているのでもない。それは非常に重要なことなのだけれども、我々が観念における自由を獲得していく場合には、あくまでそれを観念の世界における自由の問題なんだと知りつつ、獲得していく必要があると思うのです。観念の世界の自由と、現実の自由とをひっくり返してしまって、現実と観念とが逆に思えてくると駄目だということを言っているのです。

その意味でパウロは逆転した思想構造を持っているから駄目なのです。

（同、二〇七～八　ページ）

パウロは、信仰の点については正しいことを言っているんだけれども、倫理の問題については、政治的社会的な倫理の問題についてはそれほどすぐれてはいなかった、というのではなくて、その両者がやはり密接に結びついたところでものを言っているわけです。つまり、信仰の認識がそのまま横すべりして倫理の問題に応用される時には、無理が働くので、そういう横すべりを結果するような信仰の認識がおかしい、ということになります。

（同、二二三ページ）

パウロが何故あのような贖罪論的な信仰を語り出さねばならなかったかという、こういう問いを追及することの方が必要なんです。（同、二二二ページ）

パウロ思想における、贖罪論などを語りだす場合の、基礎的構造が問題なのです。で、その基礎的構造には、さっき私が申し上げましたように、宗教的な観念を中心として現実と観念が常に逆転していく、そういう構造であります。その基礎的構造こそが、パウロ思想を問題にしていく一番根本的な問題だと私は思うのであります。（同、二二一〜二ページ）

椽川の「パウロは、キリストが問題にした罪を、社会的な罪から、内面的な罪へと転換した」という指摘は、田川の「パウロにとって現実と観念は常に逆転していく」という指摘とあい通じあうものではないでしょうか。

椽川の「パウロは、キリストが問題にした罪を、社会的な罪から、内面的な罪へと転換した」という指摘に対しては、パウロが社会的な罪を内面的な罪として見ていたのか、それとも、社会的な罪と内面的な罪を区別してとらえていたかどうかが問題となります。田川の「パウロにとって現実と観念は常に逆転していく」という指摘に対しては、パウロが現実をしっかり受けとめたがゆえにその現実を生みだした人間に対する洞察から贖罪論が生まれたという読み解きができるかどうかが問題となると私は考えています。椽川と田川の指摘と正面から向きあうことは、『ロマ書』を読み解くときに、イエスの現世に対する戦いでの敗北を十分にかみしめずに贖罪論一辺倒になることにたいして、警鐘をならしてくれるものと私は考えています。

パウロとは何者なのか、その生涯を考察し、パウロの信仰の根幹をなす、罪からの解放すなわち救とは何か、義とは何かを問うこと、これらを中心にして矢内原、藤井および内村を通して『ロマ書』を読み解いていきたいと思います。そして、パウロにとって現実と観念は常に逆転していると考えていたかどうかについても、読み解いていくことにしたいと思います。

一、矢内原忠雄は『ロマ書』をどう読み解いたか

（一）はじめに

矢内原忠雄が書きしるした『ロマ書』の講義については、「ロマ書講義」、「ロマ書五講」そして「ロマ書三講―一九四八年八月山中湖聖書講習会講義速記（第一章―第八章）―」が、『矢内原忠雄全集第八巻』に、「聖書講義Ⅲ」としてまとめられています。

矢内原のこれらのロマ講義を、私は、二つの観点から読み解いていきたいと思います。第一は、パウロの生涯、その言葉と行動をどうとらえたか、第二は、本書「はじめに」で、重要な論点であるとした、「パウロにとって現実と観念は常に逆転している」という問題に対して矢内原はどのような答えをだしているかを考察することです。最後に、矢内原はロマ書を読み解くなかで、唯物論について多くを語っています。補論として、「ロマ書を読み解くなかでの唯物論の評価について」を加えました。それでは、順次読み解いていきたいと思います。

（二）パウロの生涯、その言葉と行動をどうとらえたかについて

一つめの観点である、パウロの生涯、その言葉と行動をどうとらえたかということについては、

三つの特徴を見ることができます。

第一の特徴は、迫害のなかで福音を伝えることに生死をかけた生涯であったということです。アジア・太平洋戦争の敗戦のおよそ五年前、一九四〇年九月九日から一三日にかけて五日間ソウルで行われ、翌年一月から翌々年一二月まで満二年にわたって『嘉信』に連載された「ロマ書講義」の第一章序論において、そのことが明言されています。

之から数年のちに、段々と迫害がひどくなつてゆくのでありますが、その為めに準備しなければならない。山雨将に至らんとして風楼に満つ。その中で福音を伝へる。その為めにパウロは召され、そのために如何に彼が忠実に、如何に熱心に基督教の福音を宣べ伝へてをるか、その彼の熱心、彼の気魄に感ぜざれば、彼の書簡を読むことは出来ません。無事泰平なときに、学術論文を書いてをるのではありません。生きるか死ぬるかといふ、その首をかけて、パウロは伝道してをるのであります。何となれば、之は生きるか死ぬるかに値する問題である。世の中には小さい問題もある、どうでもいい問題もありますけれども、イエス・キリストの福音を人々に伝へるか伝へないか、キリストの福音を信ずるか信じないか、といふことは、救の根本に関する事でありますから、苟くも人を愛し国を愛し人類を愛するのであるならば、之は生命がけでもつて宣べ伝へるに値する問題であります。

私共めいめい自分の生涯は、ただ一度しかもつてをりません。地上の生涯はただ一度。ただ一度だけ生きて、一度だけ死ぬるのであります。だからして、之は大きな事の為めに、永遠の生命ある事の為めに使はなければならない。パウロはその自覚をもつて伝道をしたのであるし、又ロマ書を書いたのであります。(『矢内原忠雄全集第八巻』、岩波書店、一九六三年、一九～二〇ページ、以下同書からの引用はページ番号のみ記載)

数年後から始まるパウロへの激しい迫害を前にした状況について、渾身の力をこめて書かれたものです。ここに、パウロの福音を伝えることにかけた生涯のすべてが、書きつくされています。「人、国そして人類を愛したがゆえに、イエス・キリストの福音を信じ、生きるか死ぬかその首をかけて、すさまじい迫害のもと、イエス・キリストの福音を人に伝えた生涯であった」、これがその要約です。パウロの生涯が、きわめて簡潔に言いあらわされているのではないでしょうか。

第二の特徴は、「義人はいない、一人もいない」、パウロはこのことを実感し、義とは何かを徹底的に追求したということです。

矢内原は、義しいとは何を基準とするのかとの問いかけに対する、パウロの答えから、説きおこしています。

そこで、理屈つぽい人が言ふには、「義しいとか義しくないとかいふ事は何を標準として言ふのであるか、それを定めてくれなければ自分は返事が出来ない」。

パウロは之に対して言ふ、何が義しいか義しくないかは、君たちの良心解つてゐる筈だ。善悪の内容は時代により若しくは個人によつて或る程度異るとしても、ともかく人は善を慕ひ悪を憎む心を有つて居る。而して之は善である、之は悪であると判断する能力は、各自の良心に与へられてゐるんだ。問題は道徳の標準ではなくして、道徳の実行にある。如何なる善悪の標準にもせよ、汝自ら善と思ふところの事を汝は実行してゐるか。実行出来てゐないではないか。(五五)

義しいということの基準を論じるには及ばない、その内容は個人によって多少は異なるが、良心がすでに分かっている、しかし誰も実行できていないというのです。

信仰は、教義の吟味とその納得から得られるものではないのです。イエスの教えと行動、その結果十字架に処せられたが復活した、その生涯への敬愛とその教えへの信従を前提に、義しいことが実行できていないことへの自身の自覚から始まるのです。そのことをここで明言しているのです。この自覚を罪と言い、そこで初めて活きたわが神と向きあい、逃れたくても逃れられない神の力を実感し、イエス・キリストに信従することになるのです。

信仰に入つて活きたる神様との交りに入るその最初は、己の罪を知つて、この罪ある自分自身をどうするか。この問題にぶつかつたときに、始めて神はわが神となりたまふ。今まで神について聞いてゐたんですけれども、その時から神様は『わが神』となりたまふ。いはばそのときに私共は神様に組みつくんです。神様と私共との取組合ひを感ずる。神の力を自分に感ずる。神様が私共の両方の利腕を摑まれまして、私共に体の自由を与へられない。私共はその下にもがいて自由になりたいと思ひますけれども、どうしても神様が離して下さらない。（五七）

義しいとは何かについて、個人と時代その状況に応じて変わっていく具体的な中身ではなく、義しいことを実行できるかどうかという観点から徹底的に問い詰めたのが、パウロでした。そして、義しいことを実行できないことを、いやがおうにも自覚します。その自覚が、イエス・キリストへの信仰となり、その自覚があるからこそ、神によって義と認められることになるのです。次のように、私たちが義とせられることについて、明快に述べています。

「義とせられる」といふのは、私共の性質が善くなつたといふ意味では決してない。自分たちが善いものとなつてから神に受け入れられるのであるならば、「功なくして」でありません。義でない者が義でないそのままの状態に於いて、キリストの十字架を信ずる信仰の故

に、義と認めて頂く。それが義とせられるといふ事なんです。（六一）

私たちが、義しいことを実行できないということを自覚し苦しむことは、信仰への唯一の扉です。扉の前で悩み苦しんでいるだけでは、義しいことは実行できないという諦めに終わってしまい、扉を開くことはできません。そういう私たちを赦し、私たちの罪を背負って、十字架刑に処せられたのがイエス・キリストでした。自分自身の罪の自覚にとどまらず、私たちの罪をあがなって十字架刑に処せられたイエス・キリストに信従することで、信仰への扉は開かれます。義しさから見はなされた私たちが、十字架のイエス・キリストを仰ぎ見ることで、赦されて、義をようやく回復することができるのです。十字架と義との切っても切れない関連性を、パウロの言う「キリスト・イエスによるあがないによる義」（口語訳聖書、ローマ人への手紙三の二三）として、次のように矢内原は読み解いています。

キリストが十字架につかれたのは私共のあがなひです。身代として十字架におつきになった。それを信ずることによつて私共は義とせられるんだ。即ち律法の行ひを守ることの出来ないもの、キリストの従順に倣ふことの出来ないもの、キリストの愛に感激しても之に倣ふことの出来ないものが、そのままでいい―そのままでいいといふ意味は、それが理想的状態といふのではありませんが、汝が神に救はれる為めには現在のままでキリストを信ずればいいいんだ、かう言ふんです。

信仰と道徳の矛盾といふ問題について、多くの人が苦しみます。けれども之は、我々が道徳を守らなければ救はれないと思ふところに間違ひがある。さうではなしに、我々は自分では道徳を守れないから、それでキリスト・イエスの贖ひを信ずる事によつて、道徳を守れないものが守れないままに救はれる。若し私共が道徳を守るから救はれるといふならば、キリストが十字架にかかつたのは無益です。（六二）

「これ今おのれの義を顕して、自ら義たらん為、またイエスを信ずる者を義とし給はん為なり」と『ロマ書』第三章二六節を引用して、神の義とイエス・キリストを信じる己の義が直接結びついていることを強調しています。

「己の義」即ち神御自身の義といふことは、先程からたびたび言つてゐる通り、神の完全と神の恩恵との二つを含んだ意味であります。神は人の罪を怒つて之を罰し給ひます。それは神の完全性の要求であります。併しそれが神の義の全部ではありません。神は人を義と認めて、滅亡から免れせしめる道を立て給うた。之によつて「神の義」が全く顕れ、且つ信ずる者が義とせられる道も顕れたのであります。之は神の義の啓示の歴史に於いて、極めて重要なる新段階を劃した宣言でありました。（六四）

私たちは、義しいことを実行しようとしても究極において不可能であることを自覚し、そしてそのことに苦しみます。この苦しみのなかで、イエス・キリストに出会います。イエス・キリストは、私たちを赦し、私たちの罪を背負い十字架刑に処せられました。それを導いたのは、創り主たる神なのです。イエス・キリストの贖いを通して神が私たちを赦したことを確信し、十字架のイエス・キリストを仰ぎ見ることが、私たちを義たるものへと変えていくのです。

第三の特徴は、徹底的に罪を自覚した者が生きるとはどうゆうことかを、実際の生活の問題としてつかみ取ったということです。

「ロマ書講義」では、罪から免れることのできない私たちが、罪とどう向きあえばよいかについて、それを「潔」の問題としてとらえています。それは、第四章「潔の問題」において論じられています。冒頭で、『ロマ書』の第一章の一八節から第五章までを四つに分けて、その論旨を、次のように要約しています。

一、第一章の十八節〜第三章の二十節　凡ての人は罪を犯して神の前に義とせられない。
二、第三章の二十一節〜第四章の終わり　キリストの十字架を信ずる事によりて義とせられる、さういう道が開かれたのである。
三、第五章の一節〜第五章の十一節　キリストの救を信じたところの効果は、人をしてかくも生き生きした人間になす。かくも喜び又恐れない人間になすものである。

四、第五章の十二節~第五章の終わり　キリストによつて義でない者が義とせられるといふ事は、我々の理智にとりて理解しうる事である。

このように順序だてて、罪なる存在である私たちがイエス・キリストの十字架との出会いによって義なるものとして自己変革を遂げていく過程を述べています。続く第六章から第八章は、義とされた者が潔められた後の生活の原理が主題となっていると要約して、そのことを、次のように実際の生活の問題としてとらえていきます。

信仰によつて義とせられたる者は、生活の目標が一変したのでありまして、それまでは罪に向つて的外れの方向に自分の生活の目的・態度を向けて居た者が、キリストの贖いにより生活の向きを変へて、神の方向に向けられた。我々は最早や罪に向つては死んだものである。罪の方に向いてをらない。それで、いかで尚その中に生きんや。罪の中に生きやう筈がないぢやないか。今迄、いはば磁石に鉄が吸ひつけられてゐる様に、我々は罪に引きつけられてゐた。その罪からどうして解放せられたか。キリストの十字架といふ更に強力な磁石をもつて、我々を罪から引き離して、神の方に方向を向け直して下すつた。或ひはポイントによる鉄道路線の切り換へといふ事で喩へてもいいでせう。罪の方向に私共の機関車が向いてをつ

た。それをキリストの十字架といふポイントによつて線路を切り換へて、神に向ふ路線に私共を入れて下さつた。（一〇二～四）

イエス・キリストの十字架を信じる者が生活者として方向転換する事実を、機関車の発信方向の切り替えに喩えて、わかりやすく論じています。それは、聖霊に導かれた神の御許へと向かう旅ではあるが果たして脱線の危機なく走り続けることができるのかと、矢内原は自問しています。聖霊に導かれた旅であるから目標を見失わないという確信から、その答えを導きだしています。イエス・キリストを信じたのちは、自分のために生活ではなく神のための生活となり、生活における欠点からは逃れられないが神の栄光に達することを、次のように揺るぎのないものとして受けとめているのです。

よく人は基督者を嘲りまして、「君達は救はれたなんと言つてゐるけれども、君達の生活は欠点があるぢやないか、こんな不完全な事をしてゐるぢやないか」と、色々我々を責めます。我々はそれに対して実に弁解の余地がありませんが、併し私共は現在は不完全であるけれども、とにかく生活の方向は変つてゐる。生活の目的が変つてゐる。前には我々は神を知らず神を罵り神に背いた方向に自分の生活を向けてゐたんです。此の世を愛し、此の世の情欲とかこの世の成功とか此の世の名誉とか此の世の利益とか、さういふものを我々の生活の目標としてゐました。精々自分の事業に成功するとか、そんな事ぐらゐしか考へてをらなかつた。併しキリストを信じた後には自分の為めに生活をしない、神の為めに、神に向かつて生きる。その方向転換だけは基督者に於いて行はれてゐる。之が行はれてゐなければ、我々は基督者であるといふ事は出来ません。その方向転換さへ行はれてゐるならば、我々が脱線さへしなければ、神の御霊によつて導かれまして、神の栄光に達するのであります。（一〇四）

私たちは不完全な存在ではあるけれども、イエス・キリストを信じることで、今までと全く異なるイエス・キリストとともにある生活が始まるのです。これを学者はパウロの神秘主義というけれども、事実はパウロの経験した実際の生活であり、イエス・キリストの愛がもたらした生活なのです。

キリストを信ずることによつて、キリスト我に居り給ひ、われキリストに居る。キリストと我とは内面で一つとなつたのである。故にキリストの死の中に、我々もキリストと一緒に死んだのであり、従つてキリストの復活の中に我々も彼と共に復活する。（一〇五）

で、この、キリストと合せられて一つになるという事をば、パウロの神秘思想、或ひは神秘主義などと学者が申します。併し、パウロは観念的な神秘思想として之を述べたのではなくして、彼の生活経験として之を述べたのである。パウロはキリストの愛によつて、キリストとの間に霊的一体を経験した。聖霊によつてキリストの愛がパウロの心の中に入つた。それでパウロもまた心を開いてキリストを迎へ、又キリストの中にパウロが入つていつた。いはゆるパウロの神秘主義とは、この愛の生活を言ふに外ならない。(一〇六)

イエス・キリストと一体となった生活を、イエス・キリストの愛に支えられたものとして矢内原も実感したのでした。罪の自覚のもとで、私たちの罪を背負い十字架刑に処せられたイエス・キリストの贖いに支えられた新しい生活の始まりです。しかしこのことは、罪からの解放を意味するものではありません。イエス・キリストの贖いのもとで、罪との生涯続く格闘が信仰を生きたものにしていくということを、師内村にも言及して、次のように述べています。徹底的に罪を自覚した者がようやくつかみ取った答えなのです。生きるとはどうゆうことか、その答えを、実際の生活の問題として確認するうえで大変重要な述懐です。

罪との闘ひを一生しない人はありえない。それがなければ、信仰が干凅びて無力になつてしまふ。私がよく言ふ話でありますけれども、内村鑑三先生は十字架の救といふことを繰返し私どもに教へてくれた人でありますが、晩年になつて、年七十歳近くなつて、体が弱くなつて、日曜の話を自分で出来なくなつた様なときに、よく先生は終の祈とか始めの祈だけをなさることがありました。そのときに聴いてゐると、先生が罪を神様の前に悔いて、どうぞこの罪人を赦して下さいといふことを、涙を流すばかりに繰返してをられた。それが内村先生の祈だつた。私共も同じです。諸君は私を信頼して下さつて有難い。併し私を信頼するといふ人は、私はキリストを信じてゐるんだといふことを信じて貰ひたい。私といふ人間は、罪を犯すことが少くて、立派な人間で、大変いい人間の様に思つて、それで私を信用するといふならば、それはおやめになつた方がいい。私もさういふ具合に思はれては、窮屈でとても生活が出来ません。私は沢山の罪を犯してゐるのです。今でも戦に何度も敗けて、一寸とも潔い人間でないんです。ただ自分が潔くないといふこと、罪との戦ひに於いて破れてをるといふことを知つてをるから、キリストを信じてをるんで、どうしてもキリストを信ぜずしては生きてをれないといふことが、私の状態なんです。であるからして、私はどんなことがあつて、誰が何と言はうとも、キリストを信ずることが自分の生命であつて、それ以外には生命がないといふことを言ふんです。そのことを諒解して下さらないといふと、大変な躓きをあなた方はする様になるんです。（一三七〜八）

以上が、一九四〇年九月に行われた講義「ロマ書講義」からの引用です。一九四八年八月に行われた講義「ロマ書三講」第三講六「入信後の生活経験」では、徹底的に罪を自覚した者が生きるとはどういうことかを、実際の生活での体験として述べています。信仰があるから罪との戦いが続く、罪の誘惑に苦しむと、矢内原自身の経験を率直に告白しています、その部分を紹介します。

キリストを信じた後の生活に罪の誘惑の決してなくならない事は、誰でも知つてゐるところです。自分の心にまだ迷ひがあり、誘惑を感じ、或ひは誘惑に負け、しどろもどろになつて、手足をばらで引掻かれるやうな目に遭ふのは、自分に信仰がないだらうか。自分の信仰が弱いからだらうか。かう思つて誰も皆嘆きます。しかしさうでなくて、信仰が与へられてゐるからこそさういふ苦しみをするのです。自分に信仰がなければ、そんな事苦しまないのです。罪との戦が続いてゐて、それが中々烈しいといふ事は、我々が信仰生活をしてをればこそなんです。自分に信仰がないからではない。信仰があるからなんです。（二六六八）

（三）「パウロにとって現実と観念は常に逆転している」という認識が矢内原にあったか

本書「はじめに」でふれたように「パウロにとって現実と観念は常に逆転している」という認識が矢内原にあったかどうかということについて考えていきたいと思います。

敗戦後一九四八年九月、『ロマ書』として「ロマ書講義」を刊行するにさいして、序文として書かれたなかに、その答えを導きだす糸口になる言葉が残されています。そこには、八年前を振り返って、一九四〇年九月朝鮮に渡り『ロマ書』を講義した時の決意が次のように語られています。

併しキリストの愛が強く私に迫って、警察政治の弾圧下にある朝鮮の人々に対し、個人の救と民族の救についてキリストの福音を宣べ伝へることを圧倒的な使命と感ぜしめた。（四）

個人の救だけでなく、民族の救を宣べ伝えようとする姿勢に、信仰により朝鮮人個人が救われるだけでなく、現実の問題として、植民地からの独立により朝鮮民族は救われなければならないという、現実と観念の逆転を認めない姿勢をそこに垣間見ることができます。

朝鮮での講義を主体に、国内でのロマ書講義を加えて、翌一九四一年一月より一九四二年一二月まで『嘉信』に連載したものが、「ロマ書講義」です。その第一章序論で、朝鮮植民地支配の不当性を、パウロのエルサレム伝道の一大決心に託して、次のように訴えています。ここで、ユダヤ人は日本人を、異邦人は朝鮮人を暗喩していると、私は理解しています。

それは何であるかといふと、世界的に福音の大事なこの時にあたつて、ユダヤ人の範囲を越えて、即ちユダヤ人であらうが異邦人であらうが凡ての民族が神によつて一つである、一つに和らがなければならない。一つに和らぐといふことは、一方が他方を支配するといふことでなくして、両方ともひとしく神の子として神に救はれることでなければならない。この世界的真理を確立すべき重要なときに当つて、ユダヤ人が異邦人を迫害するその精神を打破しなければならないといふことを、彼は痛切に感じたのであります。（一七）

敗戦前のロマ書講義では、民族の問題は正面からではなく、暗喩という表現により多くが語られており、それぞれが深い味わいを持っています。次の文脈は、イスラエル民族を朝鮮民族と読みかえて理解すべきものであり、わが日本民族を愛するとしつつも、朝鮮民族に対する傲慢蔑視の罪を弾劾し、血統のみを誇る日本の国粋主義への痛烈な批判がこめられています。

神の経綸に於いて、イスラエル民族にはイスラエル民族としての特殊なる歴史的意義と使命を果さしめる為に、神は之を選び給うたのです。

我々は我々の民族を愛すします。その伝統と、その制度と、その文学と、その先祖とを誇ります。併し民族を誇る者は、その血液を誇るべきではなく、その民族に与へられたる神の約束を誇るべきです。その肉に恃むべきではなく、その民族につける神の選の御旨に依り恃むべきです。このやうな民族愛にして始めて、自己の民族の価値と使命とについて確信を有つと共に、他の民族に対する傲慢蔑視の罪から免れることが出来るのです。パウロは本当に深い民族愛を教へてくれました。（一八〇）

次の文脈も、言論の自由が奪われている一九四〇年九月に朝鮮で行われた講義であるために、エジプトのパロを頑迷なる大日本帝国の為政者、そしてイスラエルを悲哀の民族朝鮮民族に読みかえて、日本帝国主義の過酷なる朝鮮植民地支配の不義を批判し、植民地解放、朝鮮独立の歴史的必然性を暗喩していると読みとることは深読みに過ぎるでしょうか。

神は神御自身の立て給うた目的に従ひ、神の定め給うた御用に当らしめる為め、彼を約束の子として選び給うたのである。然らば頑固な人間の方はどうだらう。之も亦神が御自身の目的に従つて、神御自身の定め給うた用に当てる為め、彼の心を頑固にし給うたのだ。例へばエジプトのパロはパロその心を頑固にしてイスラエルを圧迫し、神に逆うたが、その頑固が極点に達した時神の力によつて覆滅された。パロが頑固であつただけその覆滅は甚しく、その覆滅が甚しくあつただけ神の力は大きく顕れたのである。之は神が始めからその目的を以て、パロを歴史の舞台に起たせ給うたのである。（一八三）

イスラエルを朝鮮民族、汝ら異邦人を日本人と読みかえれば、日本人の朝鮮民族に対する態度を、矢内原がどのように見て、日本人に何が求められているか、その中身を理解できます。日本人は、神によって不幸な境遇に落とされた朝鮮民族への蔑視をあらため、謙遜と慎みの態度で朝鮮民族に対してのぞまなければならないということです。それができなければ、神は容赦なく日本人を切り落とすとまで言っているのです。

従つて現在イスラエルが切り落とされ居るとしても、汝ら異邦人は自ら誇って彼らを蔑視することなく、むしろ謙遜に懼れつつしまなければならない。若し汝らが不信に陥るならば、神は容赦なく汝らを切り落とし給ふであらう。それは、生来の枝たるイスラエルをさへ神は惜しまず切り落とし給うたのであるから。神は樹を全体として豊かに繁茂成長せしむる事を目的として居られるのであつて、個々の枝を惜しんで根を弱らせるやうな事を為し給はないのである。（二〇五）

さらに、次の内容は、朝鮮民族は困難な植民地支配下であるがゆえに、キリスト教信仰を通してのみ希望を持つことができるということを、パウロに託して訴えているとしか思えないのです。

民族が興隆しつつある時、その前途に就いて希望を抱くは容易しいことであります。民族が衰微しつつある時に、その将来に対して希望を有つことは容易なことではない。その希望をパウロは信仰に由つて示したのです。本当に個人についても民族についても、信仰というものは絶望を知らないのです。それと同時に、いかに興隆しつつある民族でも信仰に由らざる時は、百年長久の計を立つるを得ないのです。興隆しつつある民族に対つても衰微しつつある民族に対つても、すべての民族に対つて「神の仁慈とその厳粛とを見よ」と叫んだパウロに、万国の預言者として立てられたイザヤ、エレミヤの概がありました。（二〇六〜七）

次に引用する内容は、神に不順なる異邦人たる大日本帝国の臣民は、神から憐憫を受けることになり、また植民地支配に苦悶するが同じく神に不順たるイスラエルすなわち朝鮮人民は、神から悲の器として用いられる。その結果、大日本帝国の誤った植民地支配は、神の経綸によって解決に向かうと訴えているように思えてなりません。その部分を、これから味わっていきたいと思います。

要するに神の国の経綸は、之を静態的に考へては解らない。一つの弁証法的な運動として把握しなければならないのであります。

第一、異邦人は不順であつたが、イスラエルの不順を契機として、彼らは憐憫を受けた。

第二、イスラエルは今不順であるが、異邦人が憐憫を受けることを契機として、かれらも憐憫を受けるのである。

第一に於いては、不順に取り籠められた異邦人を憐憫む為めに、神はイスラエルの不順を用ひたまうた。即ちイスラエルは『悲の器』として用ひられたのである。

第二に於いては、かくして不順に取り籠められたイスラエルを憐憫む為めに、神は異邦人に対する憐憫を利用し給ふであらう。即ち異邦人が『憐憫の器』として用ひられるのである。怒りの器と憐憫の器との差はあるが、何れの場合も神の器たることに於いては同一でありまして、不順の民族を救いの目的に到らしめる為に神の利用し給うた手段であります。之を一貫したる歴史的運動として見れば、イスラエルの召―異邦人の不順―イスラエルの不順―異邦人の救―イスラエルの救といふ順序になり、之によつてイスラエルと異邦人と両方の救、換言すれば全人類の救が完成して、神の経綸の目的が達せられる。而してその経綸の内部に於いて、選による召と福音による救との二つの原則は共に完く維持され完成せられるのである。およそイスラエルと言はず異邦人と言はず、凡ての民族が不順の中に取り籠められたのは悲しむべき現実でありますが、神は人の不順をば神の救いの機会と為し給うたのであり、結果から見れば、神は凡ての民族を神の憐憫に浴せしめんが為めに、凡ての民族を不順の中に取り籠め給うたのである。(二〇九～一〇)

私たちは、ここで述べられている支配者と被支配者の同等の扱いに、違和感を持つかも知れません。なぜ解放されなければならない朝鮮人民が、抑圧者である大日本帝国臣民と同等に、神の不順なる器として扱われるのか。朝鮮人民の解放こそ神の経綸であると、率直に主張しないのか。

その疑問の答えは、矢内原が「義人ひとりもなし」というパウロの信仰に立ち、抑圧者も被抑圧者も神の前では同等に不順であることに、揺ぎない確信を持っていたからではないでしょうか。また、ふたつの民族の未来に対する確信に満ちた予見を、矢内原は持っていました。今は不順であっても、神の経綸は絶対であり、被抑圧者の「怒の器」は解放され、抑圧者さえも「憐憫の器」として救済されることを、信じて疑わなかったのです。

矢内原は、朝鮮民族を前面に出すことは控えましたが、より直接的に植民地解放について、中華民国を実例として取りあげて以下のように断じました。

自ら中華民族と誇る自覚を有ちつつ、真理に対して盲目となり、為めに、半植民地状態に沈淪するやうな悲劇は、歴史上にその例決して少くありません。併し又パウロの言ふには、如何なる悲境に沈淪して居る民族も、神に対して従順なる信仰的態度を学びさへすれば、救の希望のないものはありません。神は凡ての民族を憐まんが為めに凡ての民族を不順の中に取り籠め給うたといふことは、実に厳粛なる警告と温き希望とを含んだ、深き歴史の理解であると思ひます。要するに如何なる民族も神に逆うて栄えることを得ず、さりとて又、キリストの福音によりて救はれざるいかなる民族もない。「神の仁悲と、その厳粛とを見よ。」（一一の二二）ここにパウロの論じた民族哲学の実践道徳的意味があるのであります。（二一二）

この言葉によって、朝鮮の無教会キリスト教信徒は、神に対して従順なる信仰的態度を貫けば、神は憐み、朝鮮民族の救とともに朝鮮は植民地支配から解放されるということを、確信したのではないでしょうか。そして植民地支配が続くかぎり、それは神に逆らうことであり、大日本帝国の栄はないことも、信徒たちは見通していたと思います。

矢内原が、敗戦前に行ったロマ書講義において、朝鮮民族の苦悩を直接的に表現することはありませんでした。そういったなかで、私は、『ロマ書』において「イスラエル」と「異邦人」そして多用される「民族」という言葉の重さから、その背後にあるものを「耳ある者」として聴きとってきました。深読みが過ぎるのではないかという懸念もありましたが、それを打ち消す内容が、一九四〇年九月一三日京城における「ロマ書講義」の終講の辞において述べられています。植民地支配というサタンの勢力下で、治安維持法違反に問われかねない危険を冒して行われた終講での言葉です。

私、始めに申した通りに、現代社会の具体的な実際問題に触れるところはありませんでした。併し私の心がどこにあるかといふ事を、皆さん解つて下すつたでせう。始めに言つた通りに、この講義は譬話であります。耳ある者は聴いて下さいと、私は始めに言ひました。諸君はどれだけ耳がありますか。多く聴いた人は多く解つて下さい。少し聴いた人は少し解つて下さい。信仰の量に従つて之を解つて下さい。之が、この国を、この民を、この世界を救ふところの根本的原理、根本的の道でありまして、之を確実に獲得しますれば、人類には希望がある、又国民に希望があり、又個人に希望があるのです。（二一五〇）

私は今度、朝鮮に来ることについて少からぬ決心をもつて来たのであります。サタンの勢力といふものは、思ひがけぬ所から私どもを襲撃するものである。今となつて諸君はその事を聞かれるといふと、何、大袈裟な、とお笑ひになるかもしれませんけれども、大袈裟な決心をもって私は来たのであります。幸に今日まで無事にこの講義を終る事が出来た。譬の言をもつてであるけれども、私、言ひたい事をみな言つたといふことは実に有難い。神様に対して感謝せざるを得ないのであります。（二五二）

ソウルで行われたロマ書講義では、これまでに述べたように、朝鮮民族の独立の問題が多くの暗喩にこめられて語られており、「耳ある者」にしか聴きとれないとはいうものの、矢内原が『ロマ書』を読み解くなかで最も訴えたかった題材の一つであったことは間違いありません。

敗戦前の言論弾圧が過酷を極めたなか、ソウルでの講義を遡ること二年十ケ月、一九三六年一一月より一九三七年三月まで毎月一回ずつ五回にわたって、東京帝国大学聖書研究会で行なわれたロマ書講義が残されています。「ロマ書五講」と題されたものですが、この講義では、専らイエス・キリストによる救の福音について述べられています。しかし、この講義でも、第三講で「民族の救」と題して、民族の問題が取りあげられています。

『ロマ書』第八章では、イエス・キリストによる己の救に対して勝利の凱歌をうたったパウロが、これとはうってかわって、第九章では、イスラエルの民族としての救を求めたことが、第三講の冒頭で強調されています。パウロは言います、「実際、わたしの兄弟、肉による同族のためなら、わたしのこの身がのろわれて、キリストから離されてもいとわない。(口語訳聖書、ローマ人への手紙九の三)」と。

個人の救から民族の救への第九章での転倒、すなわち個人の救と民族の救との関係をどうとらえるべきかを、パウロを通して正面から論じたのが「ロマ書五講」第三講なのです。

個人の救からイスラエル民独の救へ、矢内原の言葉を借りれば、『ロマ書』第八章から第九章への転倒です。個人の救における感謝にとどまることへの警鐘であり、救われた個人が民族のために己を捨てることで、利己主義、個人主義が克服されることを訴えているのです。個人の救なしに己を捨てても民族は救われないということも、個人の救を求めているものとして、当然のこととして前提に置いています。それらは以下のように述べられています。

民族の救とか民族の力とか言つても、個人たる自分自身に力がなく、救の喜がなく、何物をも恐れないといふ確信がなければ、それは内容のない空語に過ぎず、何等民族の救の実現が始まらぬわけである。故に民族を救ふにしても、先ず自分の救から得てかかる事は絶対に必要な順序である。併しパウロは自分が救はれた事を以て救の目的が達せられたという風には決して考へなかつた。或は又自分が救はれた事を感謝してさへ居れば、それが自然に世の中の救になるんだという風に、事柄を簡単に考へなかつた。それは恰かも自分が甘い物を食つて居れば世の中の者は自然に丈夫になるだらう、といふのと同様なる利己主義な考である。そんな利己主義な意味の個人主義者では彼は決してなかつた。個人が救を有たなければ民族の救は始まらぬという意味に於いては、彼は個人主義者であつたけれども、個人はその折角救はれた自己を民族の為めに棄てるのだと、パウロは言ふのである。救はれて居らない自己をいくら棄てても、民族は救はれない。救はれて永遠の生命を得た個人が民族の為めに之を棄てることによつて、初めて民族の救いを来たらせる効果を有ち得るである。（二七五）

「救はれて永遠の生命を得た個人が民族の為めに之を棄てること」への共感もさることながら、植民地支配が常態でありそれを維持し続けなければならないという思想が、圧倒的多数を占めていた一九三七年にあって、民族の救は実現するという確信が述べられていることが、以上の引用のなかで最も重要な点ではないでしょうか。

民族の救の担い手についても言及しています。矢内原は、パウロの「遺りの者」なる思想に注目しています。救われた個人が民族の救のために自己を棄てることについて、さらに掘り下げているのです。個人の救を民族の救へと結びつけてくれる者が「遺りの者」なのです。彼等は、民族内の少数者であるが、決して単独者ではないのです。

之は信者群とも言ふべきものであつて、民族内の少数者であるであるが、単なる一個人ではなく、団体的なるものである。即ち団体内の小団体である。個人の救が民族の救にまで拡大せられ展開せられて行く思想的過程に於ける中間的形態がこの『遺りの者』である。

（二七七）

民族内の多数者は神を信じないが、それでも神を信ずる少数派が民族の中に居る。而して神の経綸に於いては、民族の中心は実にこの少数者たる『遺りの者』にある。之こそ民族の枢軸、民族の代表、民族を背負ふ者、即ち理想的に見て民族そのものである。（二七七〜八）

先づ遺りの者の救がある。次にこの遺りの者が民族を救ふ為めに己を棄てる。即ち彼等は信仰の証明者担当者としての使命を果し、その為めに民族の多数者から棄てられるが、彼等がその使命の為めに犠牲となることによつて民族全体が救はれることになり、而して彼等遺りの者自身は前よりも一層勝れたる栄光の中に復活せしめられる。（二七八）

「ロマ書五講」で述べられた「遺りの者」に関する三つの箇所を引用しました。「遺りの者」とは、この講義の二年十ケ月後、ソウルで「ロマ書講義」を受講した、「耳ある者」たちのことでもあるのです。彼等は朝鮮民族のなかでは少数派です。しかし、単なるバラバラな個人ではなく、イエス・キリストへの信仰の下に小団体を形成している者たちなのです。イエス・キリストを信じることで、個人の救を実感し、さらに朝鮮民族の救を求める信者群なのです。民族の救のなかには、朝鮮の植民地支配からの解放も含まれていると考えるべきではないでしょうか。そして彼等こそ、朝鮮民族の救のため己を棄てることができる「遺りの者」、すなわち朝鮮解放の担い手たちなのです。

敗戦前の残された二つのロマ書講義において、朝鮮民族の苦悩について、これまで読み解いてきました。多くの暗喩での表現はあるものの、具体的に朝鮮民族と名指して触れたものはありませんでした。「ロマ書五講」第三講の四「諸民族の救」において、当時の誤った朝鮮人蔑視の潮流に対する異議申し立てを、表現は穏やかではありますが、「神の眼」という異論を許さない表現で、次のように断言したことは特筆すべきことです。

神の眼から見ると棄てた個人がない様に、民族にも捨てた民族はない。朝鮮人は無気力な民族だ、民族の屑だ、などと酷評する者がある。それは現在の朝鮮人には奮発すべき点が多々あるであらう。けれども神の眼から見れば、朝鮮民族だとて屑とは思ひ給はない。彼等には彼等特殊の素質と使命とがあり、他の如何なる民族を以ても果すことの出来ない存在の意味を有たされて居るに違ひない。ただ彼等が神の言を受け入れて信じさへすれば、今日世人の賤しめる鉱石の中から燦然たる光を発揮することが出来るに違ひないのである。かくて世界の諸民族には、救の順序はあるが、一として救の希望のないものはない。（二八四）

「ロマ書五講」では、朝鮮人そして朝鮮民族の救から、より広い視野で、民族の救を全人類の救の問題として、第三講の五「全人類の救」で取りあげています。イエス・キリストを信じてさえいれば如何なる個人も救われるが、イエス・キリストを信じることを拒み続ける救われない人がいても、「遺りの者」によって、個人を越えて民族は救われ、それが全人類におよぶのです。その救のすべての中心に、イエス・キリストがいるのです。これまで個人の救と民族の救について、植民地支配下の朝鮮に深くかかわって、読み解いてきました。最後に、個人の救と民族の救をどうとらえるべきかについて、明確に述べている部分を味わってみたいと思います。

個人の救は『遺りの者』の救の中に、『遺りの者』の救は民族の救の中に、民族の救は人類の救の中に融合包摂せられる。（二八六）

社会的に見ればより小なる単位の救はより大なる救の単位の中に包摂せられて居るが、信仰的には、個人の救も遺りの者たる召団の救も、民族の救も人類の救も、悉くイエス・キリストなる一点にかかつて居り、又この一点に於いてのみ相連つて居る。而して救を一の運動として見れば、小なる単位たる個人の救より順次拡大して人類の救に至り、又人類の救は順次小なる単位に還流して個人の救によりて基礎付けられる。神の救の経綸は人類大であり、民族大であり、又個人大である。その目的は全人類の救であり、その基礎は渺たる個人の救である。かくて我自身の救が全民族的人類的関聯を有することを知るのである。（二八七）

ここで述べられている民族の救と人類の救は、抽象論ではありません。朝鮮の不当な植民地支配をはじめとする、一九三〇年代の世界の支配体制、まさに帝国主義支配体制の具体的な事実をふまえて、揺るがないイエス・キリストへの信仰をよりどころとした、植民地体制の崩壊と諸民族の解放を通じての人類の解放への必然が、訴えられていると私は読み解きました。当時もてはやされた八紘一宇に象徴される、植民地支配という鎧を衣の袖の下に隠した偽りのアジア解放論とは対極にある、真の人類解放論なのです。その根底に、十字架に刑死し復活したイエス・キリストへのゆるぎない信仰があったことは言うまでもないでしょう。

「パウロにとって現実と観念は常に逆転している」という認識が矢内原にあったかということについて考えるうえで、残されたロマ書講義のなかで最も重要な講義である「ロマ書講義」が、一九四〇年九月九日から一三日にかけてソウルで行われた経緯から、朝鮮民族を通して、この問題に対する答えを求めてきました。パウロの民族の救について述べたことに対する矢内原の読み解きにおいて、観念が現実を逆転してはいなかったことが明らかになったのではないでしょうか。さらに付け加えるならば、「ロマ書講義」にさかのぼること二年十ヶ月、「ロマ書五講」において、矢内原がパウロの「遺りの者」なる思想に注目し、救われた個人が民族の救のために自己を棄てることについてさらに掘り下げていたことが、パウロが現実を重視し観念だけの世界にとどまっていなかったと矢内原が読み解いた最大の根拠であると、私は考えています。また、『ロマ書』第九章第三節での、同族のためなら自身が呪われキリストから離されてもいとわないとする、パウロ自身の言葉を重く受けとめていたことからも、このことは裏づけられるのではないでしょうか。

この問題の明確な答えが、「ロマ書五講」第五講の三「社会問題の意義」の中にあります。講義の最終日の最後で述べられたことは、受講者に対して最も強調したかった内容であったと、私は考えます。そこでは、「現存の社会制度政治秩序への服従」の問題が、真正面から論じられています。ローマ人への手紙第一三章の第一節に対する考察ともいうべき内容です。「すべての人は、上に立つ権威に従うべきである。なぜなら、神によらない権威はなく、おおよそ存在している権威は、すべて神によって立てられたものだからである。（口語訳聖書）」この有名な『ロマ書』の第一三章の第一節は、権力への無条件の服従を示すものとして多くの議論をよんでいます。矢内原は、被支配者の立場から権威への無条件の服従の中身だけを問うのではなく、むしろ支配者にとって神の権威とは何かから、第一三章の内容の意義を見いだしていきます。重要なのは、そこに書かれなかった隠された事実、それは支配者への無条件の服従ではなく、苦痛を与えられ、迫害され、抑圧された被支配者のなかに、支配者に対して服従はするが、再臨を期待しつつ権力に抵抗する強い意思があることを見落としてはならないと、矢内原が読み取っていることです。そのことは、順を追って、以下のように述べられています。まず支配者への警鐘が（1）、次に迫害された者の隠された事実が（2）で論じられているのです。

（1）パウロの場合にありては基督者は異教徒たるロマ帝国内の被統治者であり、社会的には被支配者たるものが大部分であった（コリント前書一の二六―二八参照）。彼はかかる基督者に向つて現存の社会制度政治秩序への服従を説いたのである。従つて異民族の統治者たる地位に立つ基督教国民若くは社会の支配階級に属する基督者が、政治及び社会の現状を弁護する理由として、パウロの道徳論を援用することは許されないのである。社会に於いて服従者たる地位にある者は、権威は神より出づるものなることを信じて良心的に服従すべきであるが、権威を運用する地位にある者は之に劣らず権威の神より出づるものなることを信じ、畏懼を以て之を正しく運用しなければならない。若しパウロが今日の基督教国民に向つて書簡を書くとすれば、彼の権威論の多くの部分はむしろ権威者の守るべき道徳として書かれるであらう。（三二四）

（2）但し今日の国家社会に於いても信仰の純潔を守る基督者の社会的地位は、概して権力者から踏みつけられる者である。而して事が自分自身に関する限り、我らはキリストの模範に倣ひ、又パウロの教訓に従つて、自己の権利を主張せず、踏みつけられるままになつて居よう。我らはキリストによりて自由とせられたものであるから、世の待遇によりて煩はされないであらう。我が境遇の苦痛の軽減せられる事を神に祈り願つても、社会に向つて之を「要求」として持ち出すことは為すまい。殊に迫害の中にあり若くは迫害間近に迫れる形勢下にありては、基督者は再臨の信仰を依りたのみとして天国の希望に燃え、復讐は神の聖手に委ねまつりて、社会制度や政治の問題については消極的態度を取る。社会情勢が窘迫して手も足も出ない状態にありては、事実それより外に取る態度が無いではないか。社会問題に対する消極的態度そのものが一般的に道徳的であるのではない。これは右の如き場合に於ける事実上の必要より出でたる生活態度であるのだ。（三一四～五）

『ロマ書』一三章の権威への服従については、キリスト者がその信仰ゆえに、権力者から刑死をもともなう弾圧を受けていたことを前提に読み解かれていることが重要なのです。権力者の迫害に対して迎合してはならないと戒め、迫害に対しては耐えることを選択する、そこには敗戦前の命さえも奪った治安維持法下での、拷問による弾圧に対する非転向の思想とあい通じるものがあります。当時、非転向を貫いた多くの共産主義者は、逮捕され拷問にさらされて、転向を迫られました。それは、拷問で命を落とす非合法の殺人をも意味しました。拷問は世論の社会的糾弾もなく、手も足もでない状態で弾圧は行われました。非転向者は、歴史の必然が将来の希望を実現するという信念によって、耐えるしかなかったのです。「明けない夜はない」という歴史の進歩に対する彼等の確信は、キリスト者にとっての神の国はいつか実現するという確信と、同質のものが含まれていると考えてよいのではないでしょうか。

一見、権威に対する無条件の服従に読み取れるパウロが聴きとった、「主が言われる。復讐は私のすることである。私自身が報復する。（口語訳聖書、ローマ人への手紙一二の一九）」の具体的中身を、たとえ被抑圧者が無抵抗であっても、神が代わって抑圧者を処罰するという、未来への希望に支えられた抵抗の思想であると、矢内原は読み解きました。そしてさらに以下のように、権威の腐敗に対してキリスト者の取るべき態度について論じていきます。

（3）然らば自分は自分の境遇を忍ぶとして、他人の置かれてある社会的境遇、政治的状態を見る時、義憤を感じて之を改革の為めに奮起することは、基督教道徳とは言へないであらうか。然り、それは基督教道徳である。何となればそれは愛だからである。但し他人の間に政治的陰謀を組織し、政治的策動を煽動するが如きことは、多くの場合に於いて基督教道徳ではないであらう。何となればそれは不信仰に由ることが多いからである。

社会的害悪、政治的腐敗に対する義憤は基督者にとりて無用ではない。パウロは決して社会運動政治運動が基督者に取りて常に無意味であり、「どうでもよき事」であると言つて居るのではない。況んやパウロの時代に比して今日は社会の組織が一層複雑となり、人の生活に対する社会的制約の意義は遥かに重要性を増して居る。換言すれば、人類の生活上『社会』は一層重要なるなる要素となって居るのである。若しパウロが今日『ロマ書』を書くとすれば、恐らく彼は個人の道徳に就いて論ずると同じく、社会道徳政治道徳に就いて一層広汎に論じたことと思はれる。蓋し個人が『義』を追求むるが如く、社会も『義』を追求むべきであり、又個人の道徳的義の完成に対する熱意が個人の救の前提たる如く、社会の道徳的完成に対する熱意が社会の救の前提だからである。而して個人は法律の行為を累積する方法によりては義に到達し得ず、キリストの十字架を信ずるによりて義とせらるるのであると同様に、社会も社会変革の欲求若くは努力によりて救はれるのではなく、キリストの再臨によりて救はれる。之は動かすべからざる救の根本原理である。併しこの事は決して右の熱意及び之に基く道徳的努力を無意義なりとするものではない。実践道徳上の熱意と努力とを欠く時、信仰そのものが公式化して無力となることは、個人の生活に就いても社会の生活に就いても、共通なる生活法則である。即ち信仰と道徳との関係は個人の生活に就いてと同様、社会問題に就いても論じ得るのであつて、我らはパウロの教を現代的に応用する時特にこの点に注意を要するものと思ふ。社会問題政治問題に熱心なるは旧約の預言者的であつて、之等の問題に冷淡なることが新約時代の福音を信ずる者の特徴であるかの如く考へるのは、恐らくパウロの論議の穿き違へであり、実際生活の問題に於ける彼の熱心なる道徳的意識を見失ひ、従って又彼の信仰の生々として居る所以をも解し得ざるものではあるまいか。(三二五～六)

少し長い引用にはなりましたが、「パウロにとって現実と観念は常に逆転している」という認識が矢内原にあったかということについて考えるうえで、重要なことが論じられています。「パウロは決して社会運動政治運動が基督者に取りて常に無意味であり、どうでもよき事であると言つて居るのではない」、「実践道徳上の熱意と努力とを欠く時、信仰そのものが公式化して無力となる」、これらから、パウロは社会運動、政治運動も視野に入れて現実を常に見つめていたと、矢内原が読み解いていると言えます。そして、「若しパウロが今日『ロマ書』を書くとすれば、恐らく彼は個人の道徳に就いて論ずると同じく、社会道徳政治道徳に就いて一層広汎に論じたことと思はれる」との思いは、このことをさらに強く印象づける内容であると言えるのではないでしょうか。「社会問題政治問題に熱心なるは旧約の預言者的であつて、之等の問題に冷淡なることが新約時代の福音を信ずる者の特徴であるかの如く考へるのは、恐らくパウロの論議の穿き違へ」との断定も重要です。矢内原には「パウロにとって現実と観念は常に逆転している」との認識はなかったと、敗戦前に行われた二つの講義、「ロマ書講義」と「ロマ書五講」から読み取れるのではないでしょうか。

敗戦前に行われた二つの講義、「ロマ書講義」、「ロマ書五講」では、「個人の救だけでなく民族の救も宣べ伝えている」という切り口から、現実と観念との逆転の問題を考えてきました。現実とは朝鮮植民地支配のことであり観念とはイエス・キリストへの信仰なのです。「ロマ書講義」が、重大な決意を持って一九四〇年九月にソウルで行われたという事実が、当時の不当な植民地支配という社会の矛盾が現実のものであり、植民地支配からの解放が歴史の必然であることをも視野に入れて読み解くことを求めています。すでに述べたように、治安維持法施行の下、言論の自由が奪われているなかでの講義であるだけに、直接的表現が少なく暗喩に満ちたものにならざるをえない講義でした。

敗戦後の矢内原のロマ書講義について、読み解いていきたいと思います。まとまったものとして残された三つのロマ書講義の最後の講義「ロマ書三講」が行われたのは、一九四五年八月一五日の大日本帝国の敗戦から三年後一九四八年八月のことでした。敗戦後にもかかわらず天下の悪法治安維持法はそのまま継承され、九月二六日、哲学者三木清（一八九七～一九四五年）の獄死など、痛恨の犠牲を払って、ようやく十月一五日、ＧＨＱによって廃止されました。アメリカ占領軍政による逆流すなわち反共の嵐が吹き荒れる約二年前、日本の民主化運動が敗戦を経て復活し活動が旺盛な時期に、「ロマ書三講」は開講されました。この講義にそって、現実と観念との逆転の問題を、読み解いていきたいと思います。大日本帝国が解体され、治安維持法が廃止された結果、敗戦前の講義と異なり、直接政治問題が取りあげられています。「ロマ書三講」の冒頭から、読み進めたいと思います。

第一講の一を「キェルケゴールとマルクス」と題して、「ロマ書三講」は始められています。矢内原はマルクスの唯物論を前面に出してその対比において、パウロの『ロマ書』における生活と思想の問題を論じています。この問題を論じるにあたり、観念論の限界から説きおこしています。

観念論の哲学は要するに知識の問題でありまして、矛盾なく物事を説明しようといふ理知的な、観念的な往き方は、その探求の中途において非常な往き詰りに到達してしまふのです。（三二三）

『ロマ書』を講義する冒頭で、観念論を、現実を矛盾なくとらえることができないものとして、その行き詰まりについて述べていることは、パウロにとって現実と観念との逆転はない、パウロの思想には現実をとらえてそれに立ち向かう力がある、このように矢内原は確信していたと考えてよいのではないでしょうか。

第一講の一の最後でも、当時の世相を背景とした観念論の限界について次のように総括して、観念論を思索の糧にとどめてパウロの信仰によって立つことを求めています。

日本の現在の状態、敗戦後三年間、私共その中に生活して来まして、世の中の動きや青年諸君の生活を見て来ますと、問題は観念論的な哲学ではどうにもならないところに来てゐる。たとへばインフレーションのもとに於て我々の生活が動揺を受けるといふ、さういふ問題を、西田哲学も田辺哲学もどうにもしてくれない。無事泰平な時に之らの哲学を読んで考へるといふ、思索の糧として結構なものですが、波瀾動揺を極める今日の社会に置かれてゐる我々を助ける力はないのです。

そこで、唯物論的な思想もしくは行動に移るか、或ひは基督教的な信仰によってゆくか、どちらか一つに選択せられるのです。(三二四)

ここでは、西田哲学と田辺哲学が、現実に対応できない思索の糧にすぎない観念論として退けられています。観念論を退けたうえで、唯物論的な思想と行動も否定して、キリスト教的な信仰を、「波瀾動揺を極める今日の社会に置かれてゐる我々を助ける力」あるものとしています。この文脈からも、パウロのよってたつキリスト教信仰は、混迷を極める今日の社会に対してそれを変革していける現実的な力を与えるものと位置づけていることがわかります。これらのことからも、パウロにとって現実と観念の逆転はないと矢内原が考えていたことが、証明できるのではないでしょうか。

（四）補論―ロマ書を読み解くなかでの唯物論の評価について―

最後に、矢内原が「ロマ書三講」でたびたび言及している、唯物論の評価について考えていきたいと思います。この問題は、ロマ書をどう読み解いたかということとは直接には結びつきません。しかし、「ロマ書三講」第一講一の要旨は、唯物論を棄ててパウロのよってたつキリスト教信仰に立てということです。唯物論批判に多くの言葉が費やされています。パウロの信仰の根幹をなすイエス・キリストの十字架への信仰と、認識論として唯心論との比較で語られる唯物論とは、矛盾するのかどうか、考察を進めることは重要であると考えます。したがって、補論として読み解いていきたいと思います。

矢内原は、マルクスの唯物論について次のように述べています。

> これに対しマルクスの唯物論は、矛盾といふものは社会的矛盾として把握しまして、その社会的矛盾を突破するためには革命が必要だといふ、非常に行動的な、実際的な理屈でない教を説きました。（三二三）

ここで、マルクスの革命論を、「理屈でない教」として否定し一蹴していることは、当時の政治運動にたいする批判として具体的事例をあげての批判であれば理解はできますが、それもなく、マルクスの唯物論への批判として述べられている点は、明らかに勇み足ではないでしょうか。エンゲルス（一八二〇～一八九五年）が亡くなるわずか五ヶ月前、一八九五年三月に書いた、『フランスにおける階級闘争』（一八九五年版）への序文の一部をここに引用して、反論したいと思います。自覚した市民による宣伝と議会活動を通しての多数者革命という理論が、そこには述べられています。

国民間の戦争の条件も変化したが、それに劣らず階級闘争の諸条件も変化した。奇襲の時代、無自覚な大衆の先頭にたった自覚した少数者が遂行した革命の時代は過ぎ去った。社会組織の完全な改造ということになれば、大衆自身がそれに参加し、彼ら自身が、何が問題になっているか、何のために彼らは肉体と生命をささげて行動するのかを、すでに理解していなければならない。（『マルクス・エンゲルス全集』第二二巻、大月書店、一九七一年、五一八～九ページ）

宣伝と議会活動という気長な仕事が、この国でもまた党の当面の任務として認められている。（同、五一九ページ）

マルクス、エンゲルスのいわゆるフランス三部作『フランスの階級闘争』、『ルイ・ボナパルトのブリュメール十八日』、『フランスにおける内乱』などを読む機会があったにもかかわらず、その中で述べられている「多数者革命」に対して、「理屈でない教」として、否定的な断定を下すことは、容易には受け入れがたいものです。続けて、矢内原は、唯物論批判を次のように展開していきます。

もう一つの特色としては、唯物論は本来認識の問題でありまして、道徳の問題ではないんですから、唯物論者は必ずしも我儘な放縦な肉的生活をするのではない筈なんですけれども、実際に於いては唯物論の流を汲む者が世の中にひろがる時には、感覚的な生活、肉欲的な生活が流行するやうになるのです。正しい唯物論は事実を尊重するといふ思想であつて、必ずしも肉欲とか感覚的生活に耽る快楽論者ではない筈なんですが、実際に於ては唯物論の主張の流行する社会に於ては肉欲の放縦が出てくるのです。（三二三〜四）

「唯物論者は必ずしも肉欲とか感覚的生活に耽る快楽論者ではない筈」と、疑問は投げかけていますが、結論は、肉欲的な生活を送りかねないと言っているのです。さらに続く第一講の二「ロマ書の根本問題」においても、『ロマ書』の第一章から第三章の要点として、唯物論を、肉欲的・感覚的生活と親和性のあるものとして次のように批判しています。

さういふ意味でロマ書を読み直して見ますと、之は唯物論と唯物的な肉欲生活に対する真向からの否定であり反対でありまして、パウロはロマ哲学の思想と生活に対して、その真唯中に於て基督教の真理を証明し、又基督教を信ずる者の生活の基準を与へたのであります。我々としても、終戦後三年たちまして、今日の状況に於て之を読み返して見ることは、大きな教訓を得るでありませう。私共お互としても、今日の世の中に生きてゆくについて、自分たちの信仰の基礎をはつきりさせる必要がある。そこで今日は一章から三章迄ですが、パウロがここで論じてゐる要点は二つあります。

一つは、認識論的に、思想の問題として、無神論・唯物論の間違つてゐる事を説き、第二に唯物的・肉欲的・感覚的生活の間違つてゐる事を指摘したのです。これらの点についてのパウロの議論は、十分緻密であるとは言へません。併し彼の論旨の要点は非常にはつきりしてゐて、そして又非常に力強い主張であります。（三二四～五）

パウロの議論は十分緻密ではないとしつつも、結論は、「認識論的に、思想の問題として」と前置きしたうえで、唯物論を間違っていると断定しています。これは、パウロの主張として述べているものですが、そこに矢内原の共感がこめられていると考えるのが、自然ではないでしょうか。唯物論に対する評価では、次のような肯定的なものも見いだすことができますが、否定的見解をくつがえすには至らないということです。

唯物論の強みは事実を重んずる点にあるとするならば、人間の側からする基督教の福音の証明もその点に於ては同じであつて、理屈によらず、事実によるのであります。(三二六)

唯物論の強みは事実の尊重であり、キリスト教の福音の証明と同じであると言いながら、唯物論的な思想は、キリスト教的な信仰とあいいれないと言えるのか、矢内原のこの見解に対して、考察していきたいと思います。

唯物論は間違っているとの『ロマ書』の読み解きで示された内容は、唯物論を認識の方法としてとらえる緻密な分析が欠如しているのではないかと指摘せざるをえません。唯物論を安易に肉欲的生活に結びつけることなく、唯物論を、唯心論に対抗して成立した認識論としてとらえるべきであったと思います。そうであったならば、「唯物的」や「唯物論」の単語を安易に肉欲的・感覚的と同義に扱うことは差し控えたのではないでしょうか。

唯物的生活と表現されることで、唯物論を安易に肉欲的・感覚的生活と結びつけることの誤りは、肉欲的・感覚的生活を棄てて唯物論の立場に立つがゆえに、社会の矛盾に正面から立ち向かことができ、信念を棄てずに非転向を貫いたために拷問により殺され、たとえ拷問に耐えたとしても獄中生活で命を奪われた多くの敗戦前の唯物論者の生涯が、事実としてそのことを証明しています。

市川正一（一八九二～一九四五年）は、一九二九年四月治安維持法違反で検挙され、非転向を貫いて、獄中十六年非人道的な処遇により一九四五年三月一五日、享年五二歳、体重三一・六キログラムで老衰として処理されました。そして遺体は、東北大学医学部で解剖材料としてホルマリン池槽に放置さました。敗戦後も、当局により死亡の事情や遺体の扱いは隠され、一九四八年三月、ようやく宮城県の日本共産党員の努力で、遺体は発見され引き取られました。市川は、生涯独身をつらぬき通しました。生活態度は清潔でまるでピューリタンのようであったと、一九四八年の座談会で投獄生活十八年を耐えた当時の日本共産党書記長徳田球一（一八九四～一九五三年）が語っています。（『戦前日本共産党幹部著作集市川正一集第三巻』、新日本出版社、一九八五年、五八一ページ、五九一～二ページ）

十二年の過酷な獄中生活を生死の境をさまよい生きのびた宮本顕治（一九〇八～二〇〇七年）の言葉を、次に引用します。一九七七年日本共産党中央委員会委員長であった当時、赤旗日曜版のインタビューに答えたものです。

―獄中十二年、委員長のささえとなったものは・・・。

よく民青同盟の青年諸君におなじようなことをきかれるのだけれど、一口にいえば、私が共産主義の原理に深い確信をもっていたからだと思いますね。専制政治と主権在民との矛盾、生産手段の私的所有と生産の社会化との矛盾、こういったものが深い政治的矛盾をよびおこし、解決の方向にむかわざるを得ないという、社会発展の法則が、たとえ共産党が弾圧されようが組織がこわされようが、かわらず発展していくんだという確信ですよ。それが根底にあるから、当面自分のぶつかっている苦難も、このなかで自分たちもきたえられていくんだと受けとめたわけです。

またひとつには、幼いころから貧乏を経験してきたということも、役立ったのかもしれませんね。借金と差しおさえで両親が苦しみ、高校時代にはアルバイトなどでくらした――私の生活には小さいころから貧乏と屈辱が結びついていたわけです。だから、共産党の運動にはいって、被圧迫階級というものを理論的に知ったとき、私は日本の社会全体が牢獄みたいなものだと思い、なんとかそういう世のなかをなくしたいと活動してきた。けっして自分一人だけが楽になればいいとかいった考え方は出る余地がなかったんです。

（『宮本顕治青春論』、新日本出版社、一九八二年、二五九〜六〇ページ）。

矢内原の師内村鑑三の名言「事実の子たれよ、理論の奴隷たる勿れ」（『内村鑑三全集第十二巻』、岩波書店、一九三二年、二四四ページ）の一六文字にこめられているものは、矢内原の言葉「正しい唯物論は事実を尊重するといふ思想」と同質のものであると思います。そこには、認識論としての唯物論的思想への共感がこめられてはいないのでしょうか。唯物論を否定し、唯物思想を肉欲的・感覚的生活と結びつけることは、先に述べた唯物論者の生きざまを考えると、事実を見ることなく「理論の奴隷」であったと言わざるを得ないのではないでしょうか。事実を見なかったという言葉が言いすぎならば、理論にとって都合の良い事実だけを見ていたと言いかえてもよいでしょう。

それが、肉欲的で放縦な生活を送る唯物論者への批判だとしても、それはその人個人の生活態度の問題であり、唯物論の誤りによるものではありません。共産主義運動に対する共感が、キリスト教徒の間に広がることへの危惧のもとでの、棄教への警告であったと受けとることはできます。しかし、そのために、唯物論が肉欲的であるとの主張を正当化することはできないのではないでしょうか。

敗戦直後、日本の民主主義革命運動の高揚のなかで、一九四八年八月「ロマ書五講」第一講で矢内原が述べた、「唯物論的な思想もしくは行動に移るか、或ひは基督教的な信仰によってゆくか、どちらか一つに選択せられるのです」として二者択一を迫ったことと、敗戦前、治安維持法下での社会運動推進の困難な状態のなかで、一九三七年三月「ロマ書五講」第五講で述べた内容、「復讐は神の聖手に委ねまつりて、社会制度や政治の問題については消極的態度を取る。社会情勢が窘迫して手も足も出ない状態にありては、事実それより外に取る態度が無いではないか」とには、社会変革のために直接政治運動に参加することへの慎重な態度の肯定として、あい通じるものがあると私は考えています。

前節でも取りあげたように、「ロマ書五講」第五講では、「社会も社会変革の欲求若くは努力によりて救はれるのではなく、キリストの再臨によりて救はれる。之は動かすべからざる救の根本原理である。併しこのこと事は決して右の熱意及び之に基く道徳的努力を無意義なりとするものではない。」と述べています。この内容は読みかえれば、「社会変革のへの努力そのものによって人は救われるのではないが、イエス・キリストを信奉するものは、十字架に処せられたイエスのように、来るべき神の国の実現のために、この世での働きとして社会変革のへの努力は行うべきである」として、社会変革への努力を肯定しているものと、私は受けとめています。社会変革を目指す唯物論的な思想とキリスト教信仰は、全くあいいれない敵対するものであるという断定に対して、このような観点から異議を唱えたいと考えています。

唯物論は事実を重んじるものです。事実を重んじるという一点においては、キリスト者の信仰と同質であって、その親和性を強調したいと思います。神による世界創造後の物質の生成発展、宇宙の創造、銀河系および太陽系の形成、地球の誕生、生物の進化の解明は、唯物論の思考なしには不可能であり、認識論としての唯物論の妥当性をこのことが証明していると思います。

（一）はじめに

藤井武がまとまった形で遺した『ロマ書』の講義は、『藤井武全集第六巻』に収められている「ロマ書研究」です。ただし、連続した講義ではありません。ロマ書講演序説という一九二七年五月に行った早稲田大学での講演が、唯一ありますが、多くは個人雑誌『新約と旧約』に個別に執筆した独立したもので、発表時期も異なります。それぞれについて、題名と発表時期を列挙してみました。

第一　使徒パウロ　一九二六年一二月
第二　基督教とユダヤ人　一九二七年一二月、一九二八年一月
第三　ロマ書講演序説　―一九二七年五月某日早稲田大学青年会に於て―　一九二七年七月
第四　罪の問題　一九二四年三月
第五　宗教性の罪と道徳性の罪、罪と罰　第一章第十八節以下　一九二四年四月
第六　死の道徳と復活の道徳　第六章第七章　一九二五年三月
第七　勝利の生活　第七章十四節―第八章十一節　一九二二年三月

第八　聖潔論　一九二七年七月
第九　神の絶対主権　第九章　一九二七年一月
第十　己の義と神の義　第十章　一九二七年一月
第十一　ロマ人に与ふるパウロの書簡（第五章まで）　一九二九年六月
第十二　道徳と信仰　一九二四年一〇月、一九二七年五月、一九二八年一月、一九二九年三月

右記のうち、第十一「ロマ人に与ふるパウロの書簡（第五章まで）」の附言で、以下のように述べています。

附言　私は註解に飽いた。聖書の言を註解して読むのは、愛する者の言を使者を通して聞くよりも、なほ遥かに焦慮つたい。聖書をして自ら語らしめよ。説明などを中に挿み込んではいのちが死んでしまふ。私の試みは勿論成功したとは言へない。私は更に導かれて進むであらう。（『藤井武全集第六巻』、岩波書店、一九七一年、一三七ページ、以下同書からの引用はページ番号のみ記載）

この附言は、このように短いものですが、藤井武が『ロマ書』をどのように読み解いたかを、明確に示しています。『ロマ書』をして自から語らしめよ、ということなのです。『ロマ書』は何

を語っているのか、一二の小論で、藤井が取りあげている問題を整理することから始めたいと思います。

私は、問題を、三つにまとめてみました。第一は、パウロの生涯をどう読み説いたかという問題です。第二は、罪からの解放とは何かという問題です。第三は「パウロにとって現実と観念は常に逆転している」という認識が藤井にあったどうかという問題です。

一二の論考が、三つにしぼった問題の、どれに対応しているかを書きだしてみました。

「第一　使徒パウロ」、第一の問題
「第二　基督教とユダヤ人」、対応なし
「第三　ロマ書講演序説」、第一の問題
「第四　罪の問題」、第二の問題
「第五　宗教性の罪と道徳性の罪、罪と罰」、第二の問題
「第六　死の道徳と復活の道徳」、第二の問題
「第七　勝利の生活」、第二の問題
「第八　聖潔論」、第一の問題
「第九　神の絶対主権」、第二の問題、第三の問題
「第十　己の義と神の義」、第二の問題

「第十一　ロマ人に与ふるパウロの書簡（第五章まで）」、対応なし
「第十二　道徳と信仰」、第二の問題、第三の問題

十二の論考のうち十の論考から、三つの問題に対する答えを、読み解くことになりました。それでは三つの問題について順次読み解いていきたいと思います。

（二）パウロの生涯

第一が、パウロの生涯をどう読み説いたかという問題です。この問題は、「第一　使徒パウロ」、「第三　ロマ書講演序説」、「第八　聖潔論」、これらの論考から読み解くことができます。

三つの論考から共通して言えることは、藤井はパウロの生涯を、生身の苦悶する人格として、自身の前に置いて等身大にとらえているということです。パウロは、「パリサイ・サウロ」が出発点であり、苦悩の末にパウロとなりました。このことは、初めから聖パウロを前提としてとしてとらえてはならないことを意味しています。若き日の「パリサイ・サウロ」は、イエス・キリストに敵対する罪人でした。しかし、その後の彼の真摯な人生の歩みが、同じ罪人である私たちに深い感銘を与えるのです。

「第一　使徒パウロ」において藤井は、回心するまでパウロを、その自意識においてとらえることから始めています。

パリサイ・サウロの目に映じたるイエスの教は、例へば巨獣のごとき怪物であつた。而してその広き口を開いて貴き伝統を呑まんとするかの如く見えた。サウロの熱心は火のやうに起らざるを得なかつた。この新しき道の者を迫害して禍を絶滅するは、自分に委ねられた特別の使命であると彼は感じた。かくてステパノの殉教を機会として、サウロの恐るべき基督教迫害は始まつた。

此の故に彼れパウロ自身の意識に於ては、迫害を悪事とおもふ心は少しもなかつたのである。後年に至て彼みづからさう言うて居る。曰く「我も先にはナザレ人イエスの名に逆ひて様々の事をなすを宜き事と自ら思へり」と（行伝二六の九）。彼は神のために基督者男女を縛りて獄に投じ、死にまで至らしめたのである。「汝らを殺す者みな自ら神に事ふと思ふとき来らん」、とイエスの預言したその時が来たのである。殺害の奉仕である。律法の遵守に於て何人にも優れたる若きサウロは、この恐るべき殺害の奉仕に於ても亦抜群の殊勲者であつた。（四～五）

サウロは、回心の日を迎えるのですが、藤井はこの日を、サウロ自身が準備せずに迎えた日として、次のように述べています。

彼みづから其日の経験を述ぶる所を見るに、常に之を思ひのほかなる突然の出来事となして居るのである。イエスは「彼を求めざる者に見出され、彼を尋ねざる者に顕はれた」のであつて、パウロ自身の側には少しも準備が出来てゐなかつたのである。彼は無理やりに捉へられたのである。彼は大いなる力に打ちすゑられ、手を伸べて他者に縛られ、而して自ら欲せぬ所に連れ往かれたのである。事は全く受動的であつた。パウロ回心の経験に於けるこの著るしき要素を我らは見誤まるべきでない。(五)

この回心を、「少しも準備が出来てゐなかつた」、「大いなる力に打ちすゑえられ、手を伸べて他者に縛られ、而して自ら欲せぬ所に連れ往かれた」として、全く受動的な出来事であったことを見誤るべきではないとしつつも、それだけにとどめおかないところに、藤井の読み解きの特徴があります。受動的ではあるが、そこに神の力が御旨によって「パリサイ・サウロ」に働いたと、読み解くこともできます。さらに、それはパウロだけではなくて、私たち誰もが体験しうる出来事として、この回心をとらえています。それを解明するための鍵が、潜在意識だというのです。

人の心には明白なる意識のほかになほ意識せざる意識がある。心理学者は之を潜在意識と呼ぶ。而して潜在意識は屡〻自己意識と反対の流れを取る。パウロの回心の経験の中にも我らはまたこの種の意識の存在を見る。（五）

潜在意識とは何か、その答えに、私は胸をわしづかみされました。それは「解放の欲求」だというのです。生身の人間が、苦悶のなかで現状からの打開を求めて発する叫びそのものではないでしょうか。

パウロの潜在意識とは何か。之を一言にしていへば、解放の欲求である。（五）

藤井は、パウロが狂暴なキリスト教迫害者となったその心理的側面を、次のように我がこととして理解し受けとめています。

潜在意識が自分にとつて嬉しからぬものであるとき、而してそれが漸く自己意識に上らうとするとき、人は屡〻その反対の自己意識を鼓舞して、無理にも之を抑圧し蹂躙しようと力める。ステパノの言動に何らかさの貴を認むることは、すべてのユダヤ教徒の堪へがたき所であつた。彼らが「心、怒りに満ち」、「大声に叫びつつ」「耳を掩ひ心を一にして」駆け寄つたのは、即ちこの心理の発現に外ならない。而して斯のごとき自己蹂躙の努力を最も必要としたものは彼れパウロであつた。何となれば最も忠実なるユダヤ児は彼であつたからである。

斯のごとくにして我らはパウロの狂暴なる基督教迫害の心理的理由を解することが出来る。第一に彼は保守的なるユダヤ教徒として、当然この態度に出るより外を知らなかつた。併し単にそれだけではなかつた。第二に彼はその潜在意識たる律法と罪とよりの解放の欲求を宥めんがために、愈々自己の義を立つるの手段として、この事に熱中した。第三に彼はひとしくその潜在意識たる基督教に対する尊敬を蹂躙せんがために、自ら励まして之を憎み、従てその迫害に努力したのである。この表裏三重の理由相合して、恰も本支三流の水が合流傾注するが如くに、パウロをして冒瀆の事に狂奔せしめたのであつた。(七)

また、「第八　聖潔論」では、パウロの抑圧された自意識は、ユダヤの律法主義教育により植えつけられたものであり、もしそれがなければ、別の健全な自意識が形成されたとして、次のように述べています。

パウロが未だユダヤの律法教育を受けぬまえ(十二歳以前)彼に罪はあつても、それは例へば生命なきものの如く睡つてゐた。而して彼自身は小児らしき単純さを以てヱホバに信頼し、生気みなぎる日々を送つてゐた。然るにやがて煩瑣なる誡命を以て律せらるるの日は来

た。そのとき死せる罪は生き、生ける彼は死んだ、すなはちその道徳的生気を失つてしまつた。（九五）

パウロの生涯を、幼少のころまでさかのぼり、成人に至る人格形成の過程を追跡したのです。このことは、パウロを、私たちと同じ生身の人間として受けとめようとした、そのあらわれであると私は考えます。

「第三　ロマ書講演序説」では、『ロマ書』の成立事情と、パウロの人となり、そして信仰により人は義とされるという『ロマ書』の要旨が、簡潔に述べられています。そのなかに次のような一節があります。

公の資格に於て言へば、パウロはキリストの僕であり、彼の使徒であり、而して彼キリストに関する福音のために選び別たれたものでありました（ロマ一の一）。然らばそのキリストとは何者です乎。

第一に彼は生粋の人間でありました。（一一六）

パウロは「キリストの僕」、そして「キリストは生粋の人間」であると述べられています。短い論考なので、これ以上のことは論じられていません。しかし、イエス・キリストを、「生粋の人間」

と言いきっているのです。したがって、パウロも、藤井にとって「生粋の人間」であったことが、ここから十分読み取れると思います。そして「生粋の人間」という表現にこめられた中身は、我々と同じように生身の苦悶する人格であると、私は考えています。

パウロは、律法主義に縛りつけられて抑圧されていたために、本来の自分を見失い、律法主義に従うことが罪からの解放であると思いこんでいたのです。抑圧された自意識は、パウロ自身の潜在意識によって解放され、そのことが、ダマスコでのイエス・キリストとの出会いとなって実現したと、藤井は読み解いたのではないでしょうか。

(三) 罪からの解放

第二は、罪からの解放とは何かという問題です。この問題は、「第四　罪の問題」、「第五　宗教性の罪と道徳性の罪、罪と罰」、「第六　死の道徳と復活の道徳」、「第七　勝利の生活」、「第九　神の絶対主権」、「第十　己の義と神の義」、「第十二　道徳と信仰」、これらの論考から読み解くことができます。

藤井は、パウロを、生身の苦悶する人格として、自身の前に置いて等身大にとらえているということを、前節で述べました。パウロの抑圧された自意識が、狂暴なるキリスト教徒迫害という行為を生みだし、その抑圧された自意識は、自身の潜在意識によって解放され、その結果ダマスコでのイエス・キリストとの出会いとなったのです。そしてパウロがイエス・キリストとの出会いによって得たものが、この節の主題となる、罪からの解放でした。

「第四　罪の問題」において、次のように、藤井は問いかけます。

　事実として罪の存在は何人もこれを否定することが出来ない。罪は家庭にある、社会にある、全世界にある、就中自分の胸にある。我に罪なしといふ者よりも烈しき誇大妄想者はない。問題は罪と称する害悪の存否にあるのではない、その処分如何にある。罪は確かにある。しかしそれは果して在つてならぬものであるかどうか、それは我等の道徳的責任に値するか、我等の良心の脅威となるべきものかどうか、神は果して罪を怒りたまふかどうか。（三二）

家庭、社会、全世界そして自身の胸にある罪の存在を否定することができないが、いずれ父の声を聴くであろうと、罪なるものがたどる未来について語りかけていくのです。そして、罪の自覚が、信仰を生むというのです。それは、罪人が罪から目をそらしても逃げきれないと悟った者が父なる神に縋るという、藤井自身の体験が生みだした結論なのです。

　彼等は父の家を避けて、しきりに外へ外へと動いてゐる。彼等もやがて必ず破産するであらう。而して此世の人に依り縋り、畑に遣はされて豚を飼はしめられ、遂に豚の食ふ蝗豆にて己が腹を充さんと思ふほどに至りて、始めてほんたうに父を憶ひ出すであらう。そして起ちてそのもとにゆいて「父よ、我は天に対し、また汝の前に罪を犯したり。今より汝の子と称へらるるに相応はしからず」と言ふであらう。即ち罪の問題に始めてまじめに直面するであらう。その時彼等は始めてロマ書の中に父の声を聴くであらう。（三五）

ここでいう「ロマ書の中に父の声を聴く」とは「第四　罪の問題」冒頭で引用されている、「神の義はその福音のうちに顕はれ、信仰より出でて信仰に進ましむ。録して『義人は信仰によりて生くべし』とある如し」（ロマ一の一七）が、その中心にあると考えてよいでしょう。このように、「第四　罪の問題」は、表題には罪を掲げていますが、罪そのものではなく、罪の自覚を主に取り扱っているのです。

罪そのもの、すなわち罪とは何かを正面から取り扱っているのは、次節の「第五　宗教性の罪と道徳性の罪、罪と罰」です。そこでは、次のように端的に罪の本質を言いあてています。

罪とは神にそむく事である。而して我らは宗教及び道徳の二方面に於て神に出遇ふ。故に罪にも亦自から宗教性と道徳性の二方面がある。

神意識の否定、即ち神彼自身にそむく事、彼を神として崇めず、その聖さを慕はず、その恩恵を感謝せざる事（ロマ一の二一）、而して彼に帰すべき栄光を神ならぬ他の者に帰する事（ロマ一の二三、二五）、これ即ち宗教性の罪である。之を称して不虔といふ。

良心の否定、即ち神の命令にそむく事、彼をおのが意思の支配者として心に存めざる事（ロマ一の二八）、正義を以て最高の理想となさざる事、これ即ち道徳性の罪である。之を称して不義といふ。

罪とは実にこの二つのものである。外に現はるる個々の非行ではない、内に隠るる叛逆のこころである、不虔と不義である、偶像崇拝と自己中心主義である。（三八）

罪とは、不虔と不義、すなわち神意識や良心を否定することであって、犯した行為そのものが罪ではないのです。このように罪を定義したうえで、「第六　死の道徳と復活の道徳」では、罪からの解放の問題へと、論点は発展していきます。イエスが、十字架刑に処せられ刑死したことは、歴史的事実です。イエスに信従し一つに結びついた者は、イエスとともに死んだ者なのです。それが、罪からの解放であると、次のように説いています。


死者は事実上、罪より解放せられる。

そは死にし者は罪より脱るるなり。（ロマ六の七）（四三）

なぜ、イエスとともに死んだ者が、罪から解放されるのか、論理は展開していきます。

キリストも亦人であつた。彼の肉体は純然たる人の肉体に相違なかつた。故にキリストと雖も世にある間は我らと同じやうに誘惑に曝されたのである（ヘブル四の一五）。彼と雖も、罪を犯さんと欲すれば、勿論犯し得たのである。彼が十字架の上にその肉体を脱ぎ去つた時に、彼は誘惑より解放せられ、罪より解放せられた。即ち彼の死は罪についての死であつた、罪に対して無感応となるの経験であつた。

基督者も亦死者である。キリストと共に十字架につけられた者である。彼の霊魂は最早や此世にはない。キリストと共にパラダイスにある。従て死者がパラダイスより遥かに地上を望見するその心持を以て、基督者は此世を見る。見よ、其処には相変らず誘惑が盛である。人々は今も狂乱を続けてゐる。併し自分は既に死んだ者である。死者にとつて此世のすべての享楽が何に値しようか。キリストと共にパラダイスの福祉を楽しむ者は此世の罪について興味を失ふのである。誠に罪の歓楽は余りに淡い、余りにはかない、余りに卑しい。衆愚のむなしき喝采が何であるか。虫くひ錆くさる財宝が何であるか。うつろひ易き変愛が何であるか。これみな死者に用なきものである。天の国に於ける永遠の栄光、水にも火にも朽ちざる富、生くるも死ぬるも変わらざる愛こそ、我ら死者の悦びであり誇りである。（四三～四）

誘惑、狂乱、享楽、喝采、財宝、変愛、こういったものから解き放たれることが、罪からの解放なのです。イエスがこれらにこだわっていたならば、十字架刑には処せられない生き方を選択したはずです。これらのものから解き放たれるということは、十字架刑による死をも甘受するということなのです。この生きざまを私たちが受け入れることは、私たちもイエスとともに死んだということなのです。誘惑、狂乱、享楽、喝采、財宝、変愛、こういったものから解き放たれたという自覚が、藤井自身には確固としてあったのだと考えてよいのではないでしょうか。解放という言葉は、「第七　勝利の生活」においても取りあげられています。

努力ではない、解放である。我らの要するものは罪の実力よりの解放である。若し何ものか罪以上の実力の我に臨むありて、かの悪むべき圧制者の手より我を解放してくれるならば、然らば我は必ず自ら願ふ所を行ひ得るに至るであらう。

ああ我が為の解放者はないか。我をしてこの堪へがたき屈辱より脱れ出でしむる強大なる実力は何処か存在しないか。茲に至てパウロは始めて基督者の特権に訴へて言うた。曰く、我等の主イエス・キリストに頼りて神に感謝す。（ロマ七の二五）

解放者は立派に存在する。我等の主イエス・キリスト！　全問題の解決はただ彼の手に存するのである。（六六五）

この罪から解放された心境を、「第十二　道徳と信仰」では次のように表現しています。

神を見るとか、神の声を聴くとかいふ事は、曾ては何か信仰的経験の高級なるもののやうに私は想像しかつ憧憬してゐました。併しイエスをほんたうに攫んで見て、さうでないことを知りました。却てそれは日々の信仰生活の常識であります。イエスは私どもを断えず神の懐ろの中に連れ込みます。世に対して死んだ者はイエスにより神に対して生きるよりほか生き方がないのであります。（一四四～五）

この心境は、現世の誘惑を棄てて十字架刑の死を選んだイエスにつき従って、イエスとともにいったん現世において死んだ者のみが持ちうる心境です。現世からの逃避ではありません。十字架に死んだイエスを選んだことで、現世に対して一旦徹底的に死んだにもかかわらず、現世を生きるその心を語っているのではないでしょうか。

罪からの解放とは何かを読み解く切り口として、十字架刑で死んだイエスとともにあることについて読み解いてきましたが、「第十　己の義と神の義」の論考で語られる、義という切り口からも、この問題を読み解いていきたいと思います。

藤井は、神の前において義しい人であるためには、自身が理想を目指し偉大なる人格を模範として、修養、工夫、反省、努力したと言います。

神のまへに己の義を立てんとすること、自己の経営建設にかかる義を実現せんとすること、之は古来殆ど凡ての宗教および道徳の取り来れる途であつた。即ち修養である、工夫である、反省である、努力である。人としての或る理想を目ざし、若くは或る偉大なる人格を模範として、自ら励ましつつ之を追求し之に追随するの生活である。（一〇九）

ユダヤ人もその代表である。藤井もその道を目指したと告白したうえで、自身の精神生活を振り返るのです。

併し顧みれば顧みるほど、努力すればするほど、私は自分の精神生活について失望せざるを得なかつた。何時まで経つても私は善くならないのである。私の信仰は依然として弱い。従て私の心は依然として冷く且つ暗い。何時になつたらば私は神の子らしくなるのであらうか。何時になつたらば私は救はれるのであらう乎。

そのうちに或る大いなる経験が私に臨んだ。私は自分の正体を如実に見せつけられた。私の失望は頂点に達した。私は遂に己の義の途に行き詰つたのである。（一一一）

「わたしは自分のしていることが、わからない。なぜなら、わたしは自分の欲する事は行わず、かえって自分の憎む事をしているからである。すなわち、わたしの欲している善はしないで、欲していない悪は、これを行っている。わたしは、なんというみじめな人間なのだろう。（口語訳聖書、ローマ人への手紙七の一五、一九、二四）」

この内容そのものが、藤井の実体験だったのです。


義はその途には存在しない。却ていと近き所にある。すなはち我らの口にあり、我らの心にある。己の義ではない、神の義である。死にて甦りしキリストの義である。我らはただ心に彼を信ずればよい。而して必然、口に言ひあらはせばよい。然らば義とせられ救はれる。キリストの義がそのままに我らの義とせられるのである。ただ彼を信ずるのみである、何らの行為をも要しない。信仰の強きと弱きとをさへ問はない。ただ信ずるか否かである。信じだにすれば、必ず救はれる。いかばかり弱き信仰でもよい。否、弱ければこそ依り頼むのである。弱ければこそ信ずるのである。故にむしろ弱きほどが善い。「わが信仰」などといふものの無きほどが善い。一切「私」といふ支配詞の附くものの無きほどが善い。「私」をして十字架に釘けられしめよ、而してキリストをしてわが衷に生きしめよ、彼をして凡てたらしめよ。そこに真の義があり救がある。

己の義を棄てこの神の義の途、すなはち絶対信頼の途に出づるに及び、平安は初めて私のものとなつた。今や私は目を己に向けて絶えざる不安を繰返さない。私が神に義とせられるのは己の義によらないからである。私を神のまへに立たしむる所以のものはキリストの義である。故にそれは永遠に動かない。私は彼と結び付いて不断にその生命の供給にあづかる。今や私ごとき者の道徳的生活にも限なき栄光の希望がある。私はもはや往年の暗き思ひを忘れて、日々に新しき歌を彼にむかうて歌ひつつある。（一一三〜四）

十字架刑に処せられたイエス、そのイエスに従うことで得られた罪からの解放、藤井が苦悶の果てにたどり着き見いだしたのが、己の義を棄てることで得られた神の義、十字架に死んで復活したイエス・キリストの義であったのです。私を一切棄てて、イエス・キリストにすがりつく弱い信仰と自認したことで、平安を得ることができたのです。罪からの解放を実体験した藤井の姿が、ここにありました。

（四）「パウロにとって現実と観念は常に逆転している」という認識が藤井にあったか

第三は、「パウロにとって現実と観念は常に逆転している」という認識が藤井にあったかどうかという問題です。この問題は、「第九　神の絶対主権」、「第十二　道徳と信仰」、これらの論考から読み解いていきたいと思います。

「すべての人は、上に立つ権威に従うべきである。なぜなら、神によらない権威はなく、おおよそ存在している権威は、すべて神によって立てられたものだからである。」（口語訳聖書、ローマ人への手紙一三の一）

ここに引用した『ロマ書』第一三章についての論考があれば、現実と観念の逆転という問題を読み解く重要な鍵になったと思います。しかし、「ロマ書研究」に収められた一二の論考において、直接『ロマ書』第一三章について論じられたものは、ありませんでした。このことを前提に、読み解きを進めていきたいと思います。

「第九　神の絶対主権」の冒頭には、上に立つ権威についてではありませんが、神の為すことについて述べられています。藤井は、神が存在する以上不義がなされることはないとして、神のなすことへの絶対的信頼を述べたあと、にもかかわらず、私たちの生涯の経験を通して、そして人類の歴史を見るにおよんで、そのことを受け入れることへの疑問を、正直に述べているのです。この疑問は、社会において不義が行われている現実と、神が存在する以上不義はないという観念の関連性、すなわち、現実と観念との逆転の問題について、読み解く糸口になるのではないでしょうか。

神の為したまふ所は悉く義しい。これは独断ではない。自明の真理である。更に証明を要せざる永遠の公理である。神なる者の性質が此事を必然ならしめる。苟くも不義をなすが如き者は断じて神ではない。斯のごときものは神の名に値しない。神がもし無いといふならばそれまでの事である。併し若し神が有るならば、神と呼ぶに相応しき者が在したまふならば、然らば彼の為す所は悉く義しからずして已まう乎。

此の真理を抽象的に承認するは易い。併し実際的に、我等の生涯の経験に於て又は世界人類の歴史に於て、之を単純に受入るるは決して容易ではない。如何に屡〻神は神らしからぬ姿を以て我らに臨みたまふか。如何に屡〻神は一つの大いなる謎として人類の前に立ちたまふか。（九八）

このように述べたあと、『ヨブ記』とミルトンの『楽園喪失』を例に、義しいはずの神が人に患難を与えるのは、神が試しているのであって、患難のなかでも、神を信じ行動することの重要性を強調しています。義しいはずの神が現実において不義をなしても、それは私たちに与えた試練であり、神を信じる限り、努力は無駄ではない、いずれ義は実現されるということを、ここから読み取ることができます。したがって、藤井は「パウロにとって現実と観念は常に逆転している」のではなく、「パウロは必ず現実に立ち戻り、現実と戦う力を持ち続けた」と考えたということが、言えるのではないでしょうか。神により、いずれの日にか義は実現するとの確信が、「神を疑はず神を審かず」という、神への信頼を生むというのです。

神を義とする者は神に義とせられる。何となれば之れ神に対して人の取るべき当然の態度であるからである。神を疑はず神を審かず、彼の絶対主権を認めて何処までも彼に信頼する者、その者が真実なる信者である。（一〇八）

「第十二　道徳と信仰」では、神の国をどう見るかについて、論じられています。来世を、現世と無縁の観念の世界ではなく、現世で理想実現に向けて格闘し失敗の連続により苦しんだものが、迎い入れられる憩いの場として、受けとめていると理解できます。

イエスにありて示さるる神の国の慕はしさよ。来世の栄光は冬の落日のやうに私の眼の前に燃えかがやきます。もろもろの現世の葛藤はその前に夢のやうに影を淡くします。今の私にとつては確実なるものは現世ではなくして来世であります。現世において失敗することを私はいと小さい事と考へます。何となれば来世の成功が私に約束せられて居るからであります。現世において苦しむことを私は堪へがたき事と思ひません。何となれば来世の栄光には比べるに足らぬと思ふからであります。私はむしろ現世に対して徹底的に死んだ者になりたくあります。又ならねばなりません。かくするは福ひなる来世においては徹底的に生き得る所以であります。慕ふべきものは見ゆるものではなくして見えぬものであります。見ゆるものは暫時であります、之に反して見えぬものは永遠であります。（一四五〜六）

ここで「現世において失敗すること」や「現世において苦しむこと」と表現されていることは、自分自身が罪びとであることの自覚のあらわれであることはもちろんですが、「第九　神の絶対主権」の論考で論じられた、不義との戦い、実現されない理想実現にむけての戦いについて述べられているものと、私は読み解きたいと思います。「来世の成功」と藤井が語る、具体的な中身は、社会の差別や貧困が克服された世界が、今は全く見えないもので実現することが絶望的であっても、現世での戦いでの失敗を糧に、いつの日にか神の御心によって、理想社会は必ず実現するという確信を示していると思います。

現実世界を、神によって立てられたものとして、観念的に容認するのではなく、神の国を慕い、現実を改革しようイエスのように戦うパウロの姿を、藤井は見ていたと考えることができます。これらのことから、パウロは、現実と観念とを逆転させることなく、現実と正面から向きあった、このように藤井はとらえていたと結論づけることができるのではないでしょうか。

三、内村鑑三は『ロマ書』をどう読み解いたか

（一）はじめに

これから読み解いていく内村鑑三の『ロマ書』の講義は、一九二一年二月より一九二二年一二月まで雑誌『聖書之研究』に連載され、一九二四年、向山堂書房より『羅馬書の研究』として刊行され、世に広く知られるようになりました。一九三二年、岩波書店より『内村鑑三全集第六巻新約研究中』として、一二編のロマ書研究とあわせて編纂され刊行されました。『羅馬書の研究』は、内村にとって最も重要な著書です。私はその根拠に、序文での次の一節をあげておきたいと思います。

余に一生の志望があつた。それは日本全國に向つてキリストの十字架の福音を說かん事であつた。此志望は余が明治の十一年、札幌に於て始めてキリストを信ぜし時に起つた者である。爾來星霜四十年、其實現の機會を待つも到らず、時に或は志望は夢として消ゆるのではあるまい乎と思うた。

然れども機會は終に到來した。神は余の爲に所を備へ給うた。それは東京市の中央、内務省正面前、近くに宮城を千代田の丘に仰ぐ所、大日本私立衞生會の講堂であつた。余は此所

に大正八年五月より同十二年六月まで滿四年に渉り、日曜日毎に聖書を講ずるの自由を許された。(『内村鑑三全集第六巻』、岩波書店、一九三二年、一二三ページ、以下同書からの引用はページ番号のみ記載)

余は大手町に於て、ダニエル書、ヨブ記、羅馬書、並に共観福音書の一部を講じた。其内余が最も深く興味を感ぜし者は羅馬書であつた。使徒パウロに依て口授せられし此書は基督教の眞髄を傳ふる書である。此書を解せずして基督教を解することは出來ない。又余の四十七年間の信仰の生涯に於て、余が最も注意して研究したりと思ふは此書である。余は羅馬書を講じて實は余自身の信仰を語つたのである。(一二四)

四十年待ちわびて実現したイエス・キリストの十字架の福音の供述、その教えの真髄を伝えると同時に自身の信仰をも語らせたと言わせた『羅馬書の研究』に、これから向きあっていきたいと思います。内村は、『ロマ書』を大伽藍になぞらえました。『ロマ書』は内村にとって、「信仰より信仰に至る(一三九)」聳えたつ荘厳な巨大建造物なのです。

羅馬書は秩序整然たる一大書翰である。勿論近代の意味に於ける書翰とは其性質を異にし、書翰であると共に其内容に於いては一大論文である。其規模の宏大なる、其秩序の一絲亂れざる、其内容の荘麗高貴なる、洵に之を一の大建築物（大伽藍、大殿堂）に譬ふべきである。羅馬書は七千字より成る。卽ち之を七千個の大理石を以て造れる一大建築物に比すべきである。羅馬書を研究するは、恰も此の一大建築物を表門より入りて裏門に出づるまで巡覧するが如きものである。（一三八）

内村は、大建造物と比喩したうえで、『ロマ書』の構造を、次のように分解しました。原文一三九ページでは図解入りですが、ここでは省略します。

信仰より
表門　　　　　自己紹介　　　『ロマ書』第一章一節〜第一章七節
廊下　　　　　挨拶　　　　　『ロマ書』第一章八節〜第一章一七節
本館　第一棟　個人の救ひ　　『ロマ書』第一章一八節〜第八章
　　　第二棟　人類の救ひ　　『ロマ書』第九章〜第一一章
　　　第三棟　信者の道徳　　『ロマ書』第一二章〜第一五章一三節
裏門　私用・告別・祝福　　　『ロマ書』第一五章第一四節〜第一六章
信仰に至る

私は、三つの論点で、内村の『羅馬書の研究』を読み解いていきたいと思います。右の構造でいうならば、第一の論点は、「表門・自己紹介」と「廊下・挨拶」から読み解くことができる、パウロとは何者なのだろうか、ということです。第二の論点は、「本館第一棟・個人の救ひ」、「本館第二棟・人類の救ひ」、これらから読み解くことができる、パウロにとって救とは何なのだろうかということです。第三の論点は、「本館第三棟・信者の道徳」から、『ロマ書』第一三章に焦点をあてて「パウロにとって現実と観念は常に逆転している」という認識が内村にあったかということです。以上三つの論点についてこれから読み解いていきたいと思います。

(一) パウロとは何者なのだろうか

内村は、『羅馬書の研究』において、『ロマ書』の研究を一大建築物の巡回に例えて、表門から入り裏門から出るべしと説いたことは、前節で紹介しました。

パウロとは何者なのだろうか、その答えは、その建築物の構造図解にしたがって、「表門・自己紹介」と「廊下・挨拶」のなか、それは『ロマ書』第一章一節から第一章一七節までにあると考えてよいと思います。それは、『羅馬書の研究』全六〇講のうち第二講から第九講にあたります。これら八つの講義から、パウロとは何者か、その答えを導きだすことができます。私は、三つの特徴を見いだすことができました。第一は、パウロは自己をイエス・キリストの奴隷と見なしたということ、第二は、パウロは自身の意によらずして神に召された独立伝道者であったということ、第三は、パウロはギリシャとローマに象徴される巨大さも現世の偽りと同時に知っていたということ、この三つの特徴について、順次読み解いていきたいと思います。

第一の特徴、パウロは自己をイエス・キリストの奴隷と見なしたということについて、読み解いていきたいと思います。

内村は第二講で、「パウロは自己を以てイエスキリストの奴隷となしたのである。（一四五）」と述べています。「奴隷」と表現したことが重要です。口語訳聖書の第一章の冒頭では「キリスト・イエスの僕」と表現されていますが、内村は「僕」ではなく「奴隷」という単語を使っているのです。「僕」と訳された原語 doulos（ドゥーロス）は奴隷を意味すると内村は言います。続けて次のように問いかけています。イエス・キリストに対して私たちは何者なのかと。

世にはイエスの弟子と自稱する人、イエスの兄弟と自稱する人、イエスの友と自稱する人がある。勿論我等は彼の弟子である、兄弟である、又友である。そこに何等誤謬はない。併し問題は其上に更にイエスの奴隷と云ふ觀念を附加するかせぬかに存する。此語を以て我等は彼に對する絶對的服従を意味するのである。もし此第四の語を除きて單に彼の弟子ならんか、單に兄弟ならんか、單に友ならんか、勿論我等は彼に全然的服従をしないのである。弟子は全然師に服従する者ではない。師に背くことも師を棄てることも出來る。師の思想を舊しとして批評することも出來る。世にイエスの一部を取りて他を棄つる者多きは、是れ彼の弟子たるものにして、彼に身を任せたたる僕ではない。又イエスの友と云ふに止まらば、或時は彼の言に從ひ或時は彼の言を斥け、又我より彼に忠告を呈することも出來、勿論彼を批評に上すことも出來る。世に彼の友たるに止まる者甚だ多い。又イエスの兄弟を以てのみ居る者も、右と大同小異である。到底全部を獻げて彼に從へる者ではあり得ない。

我等はイエスの弟子でもあらう、兄弟でもあらう、友でもあらう、しかし何よりも第一に彼の奴隷でなくてはならぬ。（一四五～六）

このように、内村は、二度と裏切ることのないイエス・キリストに対する絶対的服従者として、パウロをとらえたのでした。このことは、イエス・キリストに対する絶対的服従者であることが、内村自身の生涯を貫くものであったことを、あらわしています。

第二の特徴、パウロは自身の意によらずして神に召された独立伝道者であったということについて、読み解いていきたいと思います。

第三講で内村は、「敎會に頼らず敎派を恃まず獨り立て福音を世に布きたるパウロは、偉大なる獨立傳道者であつた（一五三）」と述べています。このことは、どの教派に属さないということともに、何者をも通さずに直接神に召されたことを意味すると、理解してよいと思います。このことは、ダマスコでのイエスとの出会いによって回心したパウロの体験からも理解できます。ダマスコの体験は、「自ら成らんと欲して成りしに非ず、父によりて信仰を與へられ、父の聖召によりて信仰生活に入つた（一五三）」ことを意味しており、教会に頼らず教派に属さずに信仰が父なる神より直接与えられたことの重要な根拠なのです。

ダマスコでの突然の回心を、藤井が読み解いたように、自発的な解放の要求、すなわち、深層心理の問題として分析し理解することを、内村は拒否しています。ダマスコでの回心を、自己の内面が生みだしたものではなく、一方的に神が準備したもの、パウロにとって非自発的な出来事としてとらえています。ダマスコの回心により、パウロが、教会教派に頼らずに福音をつたえる資格を聖召により得た事実をそこに読みとっているのです。真の伝道者、そして真のキリスト者は、直接神に召された者たちなのです。パウロの独立伝道者としての生涯を、次のように総括しています。

凡て眞の傳道者は自ら進んで傳道者となれる者にあらず、神に召されて否應なしに此務に當るに至りし者である。かゝる者に於ては形の上の資格は有るも可、無きも可である。汝正規の神學校を卒へ牧師試驗に及第せし故に眞の傳道者なりと云ふか。去れよ斯る傳道者は神の國に用なき者である。汝その知識と德望と技能との故に好適の傳道者なりと云ふか。去れよ斯る傳道者は僭越虚罔の徒である。唯召されて傳伝道者となりし者のみ、よし其外形は「世の汚穢また萬の物の汚垢の如く」なるとも眞の傳道者である。而して實は單に傳道者に限らず、凡て眞の基督者は「召されたる」基督者である。自ら成らんと欲して成りしに非ず、父によりて信仰を與へられ、父の聖召によりて信仰生活に入ったのである。（一五三）

第三の特徴、パウロは、ギリシャとローマに象徴される巨大さも、現世の偽りと同時に知っていたということです。だから、「福音を誉とする」という肯定的表現を避けて「恥としない」という表現を使ったのです。第三の特徴について読み解いていきたいと思います。

第七講で内村は、なぜパウロが「福音を誉とする」とせずに、否定を交えた表現で「福音を恥としない」と述べたのか、その意味について論じています。パウロは、「ギリシャの文化」と「ローマの政制」に象徴される文明の偉大と巨大な影響力を知っていました。そのなかで、現世を覆っている偽りの権威や力に対して少数者として抗議し抵抗の意思を示し行動しました。本当の権威と力とは、イエスの教えすなわち「悔改、信仰、慰藉、愛、平安、歡喜、勇氣、希望（一九八）」なのです。そのことを次のように述べています。

「我は福音を恥とせず」の一語を以て弱しとなすは淺き見方である。これをパウロの學識と經驗と愼慮との背景に於て眺めて、その强烈なる語たることが解る。彼は世界を知らずして獨り己を高しとするユダヤ人ではなかつた。彼は時代の文化の偉大を知らずして、我信ずる教の偉大をのみ知る無學漢ではなかつた。彼は世界を知つて居た。彼は希臘の文化と羅馬の政制の優秀なるを知つて居た。其哲學と科學と藝術との偉大を知つて居た。其内に潜む思想に於て、その外に現はるゝ事業に於て、當時の文化は燦として日月と其光輝を争はんとする概があつた。盲者蛇に怖ぢずと云ふ。盲者ならぬ彼は蛇に對する警戒をせねばならぬ。勿論彼の信ずる福音は默示に基づくものであつて、人間探求の成果ではない。此點に於て人間の努力の總積に名を與へたる文化てふ者とは、全然性質を異にせる者なることは彼に於て極めて明白であつた。しかし乍ら當時の文化の偉大を知り、且或意味に於て之に敬意を抱ける彼は、福音を携へて此文化の中心に投ぜんとして如何に精到なる考慮と準備とを要したことであらう。（一九六～七）

偽りの偉大さと真の偉大さ、その両方を知っている者のみが語れる言葉があるのです。偽りの偉大さの持つ強烈な影響力に抗して、真の偉大さに殉じて如何なる弾圧にも屈しないパウロの決意を示す言葉として、「我は福音を恥とせず」を受けとめることが重要であると、私は考えています。

(三) パウロにとって救とは何なのだろうか

パウロにとって、救とは何なのでしょうか。内村が、『羅馬書の研究』において建築物になぞらえた、本館第一棟と第二棟、『ロマ書』第一章一八節から第一一章を読み解くことで、その答えを得ることができます。それは、『羅馬書の研究』第十講から第四十五講にあたります。全六〇講のうち三六講、じつに六割を占めています。

本館第一棟と第二棟に向かう廊下と位置づけた、第八講「問題の提出(二)」において、救の問題を論じる前提として、救という言葉をあらためて定義しなおし、広義で用いられていることから起きている誤解を取りのぞく必要があるとして、次のように訴えています。

救拯とは今日頗る廣義の語として用ひられて居る。福音以外の種々なる救濟事業に於て此語は常に廣く使用されて居る。社會的意味の救があり、道德的意味の救があり、又思想上の救がある。又基督教の救についても今日人の考ふる所は頗る茫漠たる者にして、惡しき行の改まりし事、或は福音に心を寄するに至りし事位を以て救と見做す人が多い。基督教の傳道師と稱する者の中にさへ、此種の淺き見方をする者が多く、洗禮を受けて教會に加入せし事を以て救と做して安心し、其後の心靈の發育如何に關して何等の考慮をも拂はざる者がある。眞に甚しき誤りである。(二〇一～二)

即ち救とは唯悔改を意味する語ではない。此世に於ては罪に死してキリストに生き、罪の結果たる死（神怒、滅亡）より救はれ、復活して主の榮に似たる榮に浴し、永遠の世界に永遠の生命を受得する事これ即ち救である。（二〇二）

ここで救と定義された「罪に死してキリストに生き、罪の結果たる死（神怒、滅亡）より救はれ、復活して主の榮に似たる榮に浴し、永遠の世界永遠の生命を受得する事」ということは、具体的にどのようにして得られるのでしょうか。同じく本館第一棟と第二棟に向かう廊下と位置づけた、第九講「問題の提出（三）」にその答えがあります。そこでは、次のように述べています。

キリストの福音が人を救ふ爲の唯一の力である理由は、それが最も瞭かに神の義を顯はすからである。（二一一）

前にも說きし如く、「神の義」とは神より人に與へらるゝ義、神より顯はし給ひし義であつて、人の努力の産物たる人の義ではない。人は自己の行や功に依らずして、唯信仰のみに依て神に義とせらるゝのである。即ち神の義を信仰に依て受けるのである。これ人に與へらるゝ大なる恩惠にして、又人の抱ける大なる特權である、如何なる人と雖も一度黐つて父なる神と主イエスキリストとを信ずるに至れば、その信仰といふ一事を以て罪を赦されて義とせらるゝ恩恵に浴するのである。然らば此の恩恵の繼續のためには自己の努力を必要とするか。否、たゞ主キリストを仰ぎ瞻る信仰を以てのみ足る。卽ち義を持續する道は、そして聖められ進む道は唯信仰を保つのみである。換言すれば信仰によつて義とせられし後の生涯は、信仰によつて聖められるのである。卽ち神の義を信仰に依て保つのである。然らば此義は如何にして完成さるゝか。人の努力に依るか。否然らず。唯イエスを仰ぎ瞻る信仰の結果として與へらる。換言すれば、信仰に依て義とせられ信仰に依て聖めらるゝ生涯は、其終に於て信仰に依て榮化さるゝのである。榮化は義の完成である。卽ち神の義は信仰によつて完成さるゝのである。（二一二）

救は、イエス・キリストへの信仰により与えられる、神が、イエス・キリストの福音を通して人に与えるもので、人の努力によるものではない。

なぜ、努力によって人は救われることができないのでしょうか。その答えを求めて、本館第一棟へ足を踏みいれて、第十講から順に、読み解いていきたいと思います。第十講「異邦人の罪（一）」冒頭では、第一章一八節からの『ロマ書』の本文は、福音は罪悪の指摘から始まるとして、次のように述べています。

然らば此大書翰の本論に於て先づ我等の會する語は何ぞ。人間救拯の福音を盛れる第一本館に於て先づ我等の眼を打ものは何ぞ。そは神の恩恵を傳ふる語か。否神の怒を傳ふる火の如き語である。

それ神の怒は不義をもて眞理を抑ふる人々の凡ての不虔不義に向ひて天より顯はると十八節は言ふ。誠に是れ吾人の意表に出づることである。併しながら福音は先づ罪悪の指摘を以て始まる。罪の指摘あり而して罪の悔改ありし後ならで救拯の與へらる丶素地がない。輝く如き福音の美屋は陰惨なる罪戻指摘の土臺の上に立つ。美しき花は黒き土より咲き出づる外はない。（二一八〜九）

罪の悔改がなければ救はないとして、自覚すべき罪とは何かを、第十講から第十五講が、解きあかしていきます。異邦人の罪、ユダヤ人の罪、人類の罪について、順を追って、具体的にそれらは何を指すのか、内村の記述にもとづいて、その要点となる部分を、抜き書きしていきたいと思います。

第十講　異邦人の罪（一）　第一章十八〜三二節の研究

・既に神を知りて尚これを神と崇めず、亦謝する事をしない。

・見よギリシア、ローマの多神教を。彼らの神々は人の如き情慾、放恣、復讐等に走るものである。
・神を知覚しつゝ而も偶像に走る。
・偶像崇拝には必ず道徳的腐敗が伴ふ。
・利慾、権勢、虚名等も亦偶像の一種である。

第十一講　異邦人の罪（二）　第一章二八〜三二節の研究
・羅馬書の罪の目録（第一章二八〜三二節）。
罪の総称＝不義
罪の総体＝暴很、悪慝、貪婪
嫉妬の罪＝妬忌、兇殺、争闘、詭譎、刻薄
讒誣の罪＝讒害、毀謗（怨神？）
傲慢の罪＝狎侮、傲慢、矜夸（譏詐）
不実の罪＝不孝、不法、不信、不情、不慈

内村は、ここで列記された罪の目録について解説を行っています。特に、暴很、悪慝、貪婪については、英語訳を添えて原語すなわちギリシア語から説きおこしています。使い慣れない単語が多く含まれていますので、「罪の目録」の理解を深めるために、私にとって難解と思われる単語に、音訓の読み方を添えて列記しました。

很：コン、もとる　慝：トク、よこしま　婪：ラン、むさぼる
譎：ケツ、いつわり　誣：フ、あざむく　讒：ザン、そしる
狎：コウ、あなどる　夸：コ、おごる　譏：キ、そしる

第十二講　ユダヤ人の罪（一）　第二章の研究　上

・自らを聖しとして異邦人の罪を責むる彼等が実は同じく罪を犯しつゝある。

第十三講　ユダヤ人の罪（二）　第二章の研究　下

・人を審判きながら自ら同じ罪を犯す。
・神の審判を恐れざる其厚顔無恥。
・割礼とは如何、これユダヤ人の心の聖別を標徴する形の聖別である。割礼の本体は肉に在るのではなくて、霊に在るのである。

第十四講　人類の罪（一）　第三章一〜二十節の研究　上

・「義人あるなし一人もありなし」は万人有罪の事実の総括的断定である。
・万人の罪の状態を子細に描くに当って、第一に「悟れる者なし神を求むる者なし」と云ひて

罪の根源の在る所を適示す。
・次には「皆曲りて誰も彼も邪となれり、善を行う者あるなし一人だにあるなし」と人全体の行の悪しきを述べ、それより更に細説に入りて喉、舌、唇、口の悪しきを描く。
・「神を畏るゝの懼れ其目の前にあるなし」。
・義人或は少しは此世にあるかも知れぬ。併しそれは人より見ての義人である。神より見ての義人とは云ひ得ない。

第十五講　人類の罪（二）　第三章一〜二十節の研究　下

・悟れる者なく神を求むる者なしとのパウロの此断定は、果して事実に適つたものであらうか。古今東西を尋ぬるに少数なりとも聖者賢哲なる者が在る。
・ファラーの名著たる『神を求めし人々』（Seekers after God）はエピクテトス、セネカ、マルクス・アウレリウスの評伝であるが、孰れも貴き境地を踏める聖者である中にも、エピクテトスの如きは真に至聖と言うべき値ありと思はるゝ程である。
・併し乍ら問題は彼等が真に悟れる者なるか、真に神を求めし人なるか如何に存する。
・彼等は真の神を知つた人ではなかつた。即ち神を真に知つた人ではなかつた。
・勿論彼等が貴き人であつたことは云ふ迄もない。又彼等に対して我等が敬意を表することも事実である。併し聖書的意味に於ては彼等も亦罪人であつたこと、そして此一点に於ては彼等は其同族たる他の人間と全く同一であつた事を我等は認める。
・そして注意すべきは彼等が人類中の極少数者であつた一事である。

異邦人の罪、ユダヤ人の罪、人類の罪と題された、第十講から第十五講の内容から、罪とは何かが、読み解けてきます。罪の目録で列挙された不道徳な行為それら個々の行い、偶像崇拝、聖別の根拠を割礼に置いていることが、私たちの罪を構成しています。しかし、第十四講と第十五講で述べられている、「神を求める者なし」とのパウロの断定が、罪の本質をついています。行為において犯す不道徳よりも、己のみを頼り神を求めないこと、イエス・キリストの十字架を仰ぎ見ないことこそが罪の本質であると、読み取ってよいのではないでしょうか。

救という美しい花を咲かす土台となる黒い土である罪とは何かについて、読み解いてきました。「義人あるなし一人もありなし」という万人有罪の事実の前でこそ、人は何によりすがれば救が得えられるのかが、見えてくるはずです。「パウロにとって救とは何なのだろうか」に対する答えは、パウロの万人有罪という断言を理解することから始まるのです。

続く第十六講「律法の能力」は、『ロマ書』第三章一九節と二〇節の解説をもって始まります。『ロマ書』のこの部分を、口語訳聖書から引用します。

さて、わたしたちが知っているように、すべて律法の言うところは、律法のもとにある者たちに対して語られている。それは、すべての口がふさがれ、全世界が神のさばきに服するためである。なぜなら、律法を行うことによっては、すべての人間は神の前に義とせられないからである。律法によっては、罪の自覚が生じるのみである。（口語訳聖書、ローマ人への手紙三の一九、二〇）

内村は、『ロマ書』第三章一九と二〇節を、そこで真の革命的な思想が発表されているとして、次のように述べています。

是れ羅馬書にある重大なる語の一にして、眞に革命的なる思想の發表と云ふべきである。そして之は一章十八節より始まつた人類皆罪の說論の總括又は結論と云ふべきものである。實にパウロは此の二節を言ひ得んがために今まで筆を進め來たつたのである。（二七五）

第十六講は、第十講から第十五講の総括となっています。律法の役割は、罪の自覚をうながすことにとどまる。律法の行いでは義とせられないがゆえに、神は手を差しのべて、信仰による義への道を切りひらくことになるとして、「神の義」へと考察を展開していきます。

倫理道徳の標準に照らす時全世界は神の前に罪人と定まるのである。律法的行爲に依ては一人だに義たり得ぬのである。然らば人は全く茲に行きつまつたのであるか。然り茲に人は道徳的には行きつまつたのである。換言すれば道徳を以て救はれんとする人類の企畫は茲に行きつまつたのである。併し乍ら人の行きつまりは神の行きつまりではない。神は人を救はんために新局面を打開き給ふ。卽ち次節以下に於て强調する如く「律法の外に神の人を義とし給ふ事」が顯はれたのである。これ卽ち信仰の道である。かくて律法に於て窒死せる我等は信仰に於て甦るのである。律法的には義ならざる者が信仰によりて義とせらる、のである。茲に救は人に臨み、歡喜の露はその靈を潤ほすのである。（二八四～五）

第十七講から第二十七講では、「神の義」についての考察が展開していきます。救に至るには、「神の義」とは何かを知ることなしには、一歩も前に進めないのです。これらの講義それぞれについても、内村の記述にもとづいて、その要点となる部分を抜き書きしていきたいと思います。

第十七講　神の義（一）　第三章二十一節の研究

・上を仰ぐこと、神の義を仰ぎ瞻ること、これ唯一の救の道である。
・人が自ら義たらんとする努力は空しき努力である。人は到底義を実現するを得ない。故に人の義たり得る唯一の道は他の者より義を与えらる、ことである。神は実に悔いし砕けたる心を愍み給うて義を其人に賜ふのである。
・律法の義にあらず行の義にあらず、神より人に賜はる所の義、神が人を義とし給う所の義、行によらず唯キリストイエスに対する信頼の故に賜はる所の義は、既にキリストの十字架以降、新原理として世に臨んだのである。

第十八講　神の義（二）　第三章二十二節の研究
・キリストに於ける信仰、これ神の義を受くる唯だ一つの道であり、従つて之なき人は神に義とせられ得ないのである。
・義なるが故に父は我等の罪を赦すと云ふのである。
・信仰による義を受けて其中に籠れる父の深愛を味得するに至り、求めざる感激は自から我に起り、比ひ難き生命は自から我に湧きて人に対しても亦愛を起し愛を行ふに至るのである。先づ愛して父に愛せらるゝにあらず、先づ父に愛せられて愛するに至るのである。

第十九講　神の義（三）　第三章二十三、二十四節の研究
・或人は悔改めし後の生涯に於ては人は決して罪を犯さないと云ふ。しかし不幸にして是れ我等の実際の経験と相反してゐる。人は信仰に入りても常に罪を犯しつゝあるのである。故に「常に義とせられつゝ」行く必要が起るのである。人の信仰生活に於て為し得る事は絶対的

に罪を犯さないことではない、十字架のキリストを仰ぐことである。
・神の独子の貴き血が萬民の為に流され、其の死が萬民の罪を一身に償ひての贖の死であればこそ、罪ある我等も罪なきものとして見られ、義ならざる我等も義なる者と見做さるゝのである。さればキリストの贖罪は実に福音の根柢である。これ実にパウロ主義の基調であるのみならず、他の使徒たちも之を信じ且説き、又当時の信者も皆之を信じた。

第二十講　神の義（四）　第三章二十五、二十六節の研究
・神は軽々しく罪ある者を赦し得ない。彼もし罪人を無条件にて赦すならば、彼の威厳は失せ、彼の公義の権威は落ち、彼の宇宙の秩序は破るゝに至る。即ち神は神ならぬ者になつて了ふのである。神の威厳は是非とも保たれねばならない。彼の公義の権威は是非とも保たれねばならぬ。彼の宇宙の秩序は是非とも保たれねばならぬ。神は是非とも神でなくてはならぬ。故に「罰」は是非ともなくてはならぬ。
・神は「その生み給へる独子」を世に遣はし、彼を十字架につけ、彼にありて人類の凡ての罪を永へに処分し、以て人の罪の赦さるゝ道を開き、我等彼を信ずる者は彼にありて罪を罰せられ、彼にありて義とせられ、彼にありて復活し得るに至つたのである。
・罪の値は死である。罪ある所死は必ずあるべきである。然らば何故人類は早く既に滅亡せざりしぞ。答へて曰ふ是れ神の寛恕に依ると。即ち「忍耐の中に既往の罪を見逃し給」うたの

である。そして此寛恕は他の道を以て人類を罰せんとし給ひつゝありしためである。即ち時来るや彼は其独子を人の形を以て降し、其十字架の死を以て人類の深罪を処分し給うたのである。即ち「其義を彰はさんため」である。

第二十一講　永遠不変の道　彼得前書一章二三―二五節、及び以弗所書五章十八節に就いて

・パウロの唱へ、オーガスチンの立て、ルーテルの改め、ミルトンの堅く信じたる此福音は、遂に世を救ふ教にあらざるかとの疑惑が起る。併し乍ら「昨日も今日も永遠変らざる」ものはキリストの福音であつて、昨日も今日も永遠変りつゝあるものは此の世の思想である。

・此世の事は多くは酒に酔ふこと即ち人力を以てする外部的刺激に酔ふことである。殊に此世に入り換り立ち換りて起りて強く世人の注意を牽く所の政治運動、社会運動、思想運動、宗教運動の類は概ねこれ酒に酔ふことである。

第二十二講　神の殿　詩篇百三十三節、使徒行伝二章一―十三節　約翰伝五章一―八節、及び以弗所書四章一―十六節参照

・聖霊は団体の上に降る。兄弟姉妹の集合せる処に神の殿は成り立つ。故に聖霊を受けんためには此の神の殿の一部と成らなくてはならぬ。そして神の殿にありて共に聖霊の滋雨に浴さねばならぬ。神の殿を離れては、本体より切り放されし肢体の如く死滅する外はない。是非

とも兄弟姉妹と共に一団なりて、其中にありて聖霊の雨を浴びねばならぬのである。
・集会の必要、祈祷会の必要、共に福音を学び共に父に祈る必要は茲に於てか起こるのである。孤立は大いなる禍である。聖霊の下賜を妨ぐることである。
・教会は霊的実在者である。故に霊的にのみ其実在を認むる事が出来る。
・目に見ゆる真の教会はキリストが再臨し給ふ時に成立する。其時までは成立しない。
・真の信者は相会して略ぼ相互に其真の兄弟姉妹なる事を知る。

第二十三講　アブラハムの信仰　第四章の大意

・その説く所は、アブラハムが行の故に義とせられたのではなくして信仰の故に義とせられたのである故、これ純粋なる恩恵であつて幸福の極であると云ふにある。
・パウロの説く福音が、アブラハム及び多くのイスラエルの優秀なる予言者や詩人の善き信仰と思想とに根柢を有して、初めて健全であり確実であり、且真に革命的なのである。人類過去の経験を裏書として有つは真理の真理たる所以である。

第二十四講　義とせらるゝ事の結果（一）　第五章一～十一節の研究　上

・義とせられて恩恵を受け、希望に溢れて喜ぶ。たゞ之のみに止まらない、患難にあつても亦欣喜をなすと云ふ。患難の原語は thlipsis （スリプシス）である。聖書に於ては主として信仰の故に受くる所の迫害、犠牲、苦難、痛苦を意味する語である。必しも謂ゆる迫害のみを指さず、凡そ信仰の故に受くる一切の不利益、損失、誤解、及び払はなければならぬ犠牲等を総括して「患難」と云ふのである。即ち基督者に臨む特殊の患難を云ふたのである。

・まづ「そは患難は忍耐を生じ」とある。忍耐と云へば我国の用法に於ては唯或る事を耐へ忍んでゐるのを意味し、専ら消極的のものであるやうに見える。漢字の原語如何は別として、とにかく之れを消極的に怺へてゐる事と見るが普通の見方である。然るに言語 hupomone（ヒュポモネー）は消極的に怺へて居る事を意味する語ではない、積極的に堅く立ち強く進む事を意味する語である。堅忍、剛毅、不屈、不撓等の意味を包含する語である。迫害の中にありて信仰を維持するのみならず、毫も屈する所なくして進んで神の道を行ふ進取邁進を云ふのである。

第二十五講　義とせらるゝ事の結果（二）　第五章一〜十一節の研究　下

・賜はりし所の聖霊によりて神の愛を灌がれて今も残ることを心に於て実験するのである。この実験ある上は、遂に完全に救はれて栄化の域に達すべき事を疑はんとするも疑ひ得ないのである。かく自己の確信であり、実験であり、純主観のことであるが故に、他よりの批評、攻撃、嘲罵の如きは我に於て何等問題とならない。

第二十六講　アダムとキリスト（一）　第五章十二～廿一節の研究　上

・人類の始祖アダムが堕罪のために死を受くるに至り、其為めにかれの子孫にも同一の悲運が臨んだ事を十二節は述べる。かく一の罪より罪せらる丶事が凡ての人に及んだ。しかしキリストの義は彼を信ずる凡ての人に義と生命とを与へる。人はキリストにありて罪を赦され、義とせられ、限りなき生命を受くるに至つた。アダム一人のために罪と死が人類を襲ふに至りしと相似て、キリスト一人のために義と生とが人類に与へらる丶に至つた。此事を説きしものが即ち十八節である。

第二十七講　アダムとキリスト（二）　第五章十二～廿一節の研究　下

・かくアダムとキリストとは似て居つて而かも大いに相違してゐる。そしてその相違は実に根本的の相違である。甲より出で来つたものは、罪と死―永への詛ひである。然るに乙より出で来つたものは、此永久の詛ひを打ち破る義と生と永久の祝福である。

・義となりて義とせらる丶にあらず、義とせられて義となるのである。完き人として取扱はる丶恵に入りて初めて完全に向て進むのである。故に第一に必要なることはイエスキリストを信ずることである。この信仰ありて義とせられて、義とせられて義となるのである。

第十七講から第二十七講において読み解かれた「神の義」とは、究極のところ何だったのでしょうか。「神の義」とは、罪により滅亡に至るはずの人類を、神が、罪なきイエスを世に遣わし、人類の罪を一身に背負わせて十字架で死なしめた。その十字架のイエスを仰ぎ見て信じることが「神の義」なのです。

「神の義」とは、第十七講でいうように、努力とその行いではなく、イエス・キリストに対する信頼により神が与えるものなのです。第二十三講では、歴史的に振り返り、アブラハムが示したように、自力によるものではなく神から受ける恩恵と、言いかえています。それは、第十九講での、人は義とされても常に罪を犯す存在であり、義であり続けるために十字架のイエス・キリストを仰ぐのだということにつながっていくのです。義とされた喜びは、その信仰のゆえに不利益、損失、誤解、犠牲といったものをともないます。しかし、そのことは同時に忍耐を生みますが、迫害のなかでも喜んで信仰を維持し、神の道を邁進できるのです。これが第二十四講の内容です。

なお、第二十一講で「此世の事は多くは酒に酔ふこと即ち人力を以てする外部的刺激に酔ふことである」として、政治・社会・思想・宗教運動を扱っています。現世の問題にかかわることを、酒に酔うことであるとして否定的に扱っているようにも見えます。第二十四講では、キリスト者に対する迫害について述べています。信仰ゆえに現世においてキリスト者が政治・社会・思想・宗教運動に関わり、その結果迫害を受けるという内容です。そうであるならば、この内容と、第二十一講の此世の事に関わることへの否定的評価とは矛盾しているように思えます。この問題は、「パウロにとって現実と観念は常に逆転しているという認識が内村にあったか」という問いかけにつながっていきます。最終節で、あらためて読み解いていきたいと思います。

第二十二講で、「聖霊は団体の上に降る、兄弟姉妹の集合せる処に神の殿は成り立つ、集会の必要、祈祷会の必要、共に福音を学び共に父に祈ることの必要、孤立は大いなる禍」と論じている点も、議論の余地があります。適切な集会がなく、信仰の友が見いだせない場合があります。その場合、一人神の前に立ち、イエス・キリストの十字架を仰ぎ、聖書を拠りどころにする信徒には、聖霊は降りないというのでしょうか、疑問が残ります。

また、第二十二講後段で述べている、「教会は霊的実在者」ということは信徒の集いの場としてそこに聖霊が降りるという意味では理解できますが、「目に見ゆる真の教会はキリストが再臨し給う時に成立する、真の信者は相会して略ぼ相互に其真の夫兄弟姉妹なる事を知る」との指摘については、再臨の時まで真の教会は存在しないのかどうか、真の教会とは何かについての説明が不足しており、疑問が残ります。

後に続く第三十三講での「信仰は元来個人的である」との指摘と第二十二講での「孤立は大いなる禍」との関係性についても、「個」と「孤立」で評価が変わることについて混乱してしまいます。論点に矛盾がないのか読み解く必要があります。信仰は神が個人に与えたもので、孤立は禍ではなくまた聖霊は個人にも降りると、私は考えています。さらに読み解くことを続けなければならない重要な問題ですが、『羅馬書の研究』からはこれ以上の読み解きができないので、今回はこの程度にとどめておきたいと思います。

第二十八講から第三十三講では、救に至る道として「潔めらるゝ事」が必要であることについての考察が展開していきます。これらの講義についても、内村の記述にもとづいて、その要点となる部分を抜き書きしていきたいと思います。

第二十八講　潔めらるゝ事（一）バプテスマの意義　第六章一～十四節の研究

・基督者は義とせられ神の子とせられた後、更に神の子たる実に向つて進みゆかねばならぬ。これ即ち「潔め」である。

・信仰とはキリストと合致する事である。故に彼と共に甦へる事である。罪に死して義に甦へる事である。凡てを以て神に従ひ義に事ふる生涯、これが潔めらるゝ生涯、潔めらるゝ事である。

第二十九講　潔めらるゝ事（二）僕役の生涯　第六章十五～二三節の研究　上

・神に祈り、聖霊の恩化に浴して、聖潔に向はんとする欲求は、常に信者の信仰生活を生々せしむるものである。之がない時には信仰は生気を失し、遂には有るか無きかの有様に立ち至るものである。贖罪の信仰、永生の希望のみにでは足らぬ。其上に此「潔め」の欲求及び実験を必要とする。

・神の我等に対しての要求は全く潔くなれである。凡てを献げて神に事へ、義の僕たれである。

そして是れ不可能を要求する如く見ゆれど、この命令に添へて聖霊を以て実行力を賜はるのである。彼はあらゆる道を以て我等を助け給ふのである。されば我等努むべし、励むべし、努力奮進すべし。神は必ず我等の志す所を遂げしめ給ふのである。

第三十講　潔めらるゝ事（三）恩恵の支配　第六章十五～二三節の研究　下

・義の僕たる者の状態及び特権は実に二十二節の如く、然れど今罪より釋されて神の僕となりたれば聖潔に至るの果を得たり、且その終は永生なりではないか。聖潔に至るの果を得、そして遂に永生を与へらるゝものではないか。実に大なる特権、この上なき恩恵である。

第三十一講　潔めらるゝ事（四）律法の廃棄　第七章一～六節の研究

・勿論「聖潔」は道徳不用の境である。されば道徳廃棄は人をして真の信仰と聖潔とに至らしむべき必須なる要因である。道徳の下にあるとき人は己の罪を悟らされるのみで、決して信仰の歓びと聖潔の福ひとに至ることは出来ない。この道徳を廃棄したる所に生命も安心も歓喜も起るのである。

第三十二講　潔めらるゝ事（五）律法の性質　第七章七～十四節の研究

・我等自身が罪に死ねば律法は自然不必要になりて存在の要なく、従つて我等が「律法について殺されしもの」となるのである。真の生活に入れば律法は自から不用になる。故に律法不用は真の生活の欠くべからざる要素である。

第三十三講　潔めらるゝ事（六）パウロの二重人格　第七章十四〜二五節の研究

・信仰は元来個人的である。他人の信仰を語るのではない、教会の信仰を語るのではない、又人類全体の信仰を語るのでもない、自分の信仰を語るのである。「我等が」ではない、「吾人が」ではない、「人類又は教会が」ではない、「我が」である、「私が」である。複数ではない、単数である。第二人称又は第三人称ではない。第一人称単数である。

・苟も基督者が真の基督者である以上、理想と実験の矛盾より起る言ひ難き苦悶を必ず担ふに相違ないのである。信仰に入りし後ち一回も此種の苦悶を味はずと誰か敢て言ひ得るものがあらうか。即ち神に従はんとする心と肉に従はんとする心とが共に我衷に存して、そこに激烈なる戦が行はれつゝある事は凡ての基督者の実験する所である。これ謂ゆる内心の分裂である。

第二十八講から第三十三講で論じられたのは、「潔めらるゝ事」です。罪を自覚し、義を知った者が、救に至るには、必ず通りぬけなければならない過程が、「潔めらるゝ事」なのです。すでに第二十七講までで論じつくされた、神の義とは何か。それは、罪によって死すべき者、そして罪により滅亡に至るはずの人類を、神が罪なきイエスを世に遣わし、人類の罪を一身に背負わせて十字架で死なしめた。その十字架のイエスを、イエス・キリストとして信じることが、神の義なのですが、私たちが救にたどり着くためには、そのあとに「潔めらる、事」が必要なのです。「潔めらる、事」と受け身の形をとっていますが、何者かが「聖潔」の状態にしてくれるものではありません。第三十一講で述べているように、律法を受動的に遵守して得られるものではなく、十字架のイエス・キリストを信じる者が、積極的に打ってでる行為が、「潔めらる、事」なのです。第二十八講ではそれを、「神の子たる実に向つて進む」ことと言い、第二十九講では、「神に祈り、聖霊の恩化に浴して、聖潔に向はんとする欲求」と表現しています。

第三十三講で、「信仰は元来個人的である」というように、能動性のなかに個人の主体性が問われるものなのです。そこには、「言ひ難き苦悶」をともないます。それは、「理想と実験の矛盾より起」ります。その苦悶のなかでイエスの十字架を常に仰ぎ見ることが、第三十二講でいう、「律法について殺されしものがおくる真の生活」なのです。

「パウロにとって救とは何なのだろうか」の答えを求めて、ようやく後半の講義、第三十四講から第四十五講にたどり着くことができました。それぞれの講義の題目に掲げているのも、「救」となっています。これらの講義は、『ロマ書』第八章に対する部分と第九章から十一章に対する部分、大きく二つにに分かれています。

内村が大建築物に喩えた、本館第一棟「個人の救ひ」の最後を構成する『ロマ書』第八章の講義が、「救の完成」と題された、第三十四講から第四十二講です。これらの講義についても、内村の記述にもとづいて、その要点となる部分を抜き書きしていきたいと思います。

第三十四講　救の完成（一）　第八章全体の大意

・羅馬書は新約聖書の中心であり、その第八章は羅馬書の中心である。故に羅馬書第八章は新約聖書の中心である。

・即ち七章までに於て説かるゝ救は重に人の外に在る事を信ずるのである。即ち十字架に於けるイエスの贖ひを信ずるのである。又イエスを仰ぎ瞻てそれを型として潔めらるゝのである。その他何れの点より見るも、信者の外に於て在る事を信受すると云ふのである。之にて救は全うせらるゝであらうか。否、更により内部的なる一事が必要である。神御自身が聖霊として我等の衷に下りて、我等の霊と合体し、以て我等を助け我等の救を完成し給ふ事、この事が是非ともなければならない。これ内部よりの救であつて実に第八章の主題である。

第三十五講　救の完成（二）　第八章一節の研究

・されば如何にせば正義が人の社会に行はるゝかは、実に人間世界の最大問題である。

・他の多くの書が廃れつゝある中に聖書のみは何故に廃れないのであるか。何故羅馬書は聖書の中心として常に信者の注意の焦点となつてゐるのであるか。これ人間社会に於ける正義実行の問題をその深き根柢に於いて解く者は、聖書、殊に羅馬書であるからである。

・聖書の精神は平和実現の日を見ずば已まじと云ふに在る。

・我等は羅馬書八章一節を単にパウロの語として反復するに止まらず、又これを研究して其貴さを知るに止まらず、之を自己の実験として体得し、自己の霊魂の声として発し得るに至らなくてはならぬ。

第三十六講　救の完成（三）　第八章一～十一節の研究

・罪を脱し死を免かるゝ道あるか如何、これ寔に人生の至難なる問題である。而して此問題に対して第二節は答を与へてゐるのである。「キリストイエスにある生命の御霊の法は、汝を罪と死との法より解放したればなり」（改訳聖書）と。

・実験の語を理解するには実験に訴へるを最上の道とする。余は曾て罪と死との苦悶の中に懊悩の幾年月かを送つたものである。罪と死とは放たじと余を抑へてゐた。然るに遂にキリストの十字架を仰ぎ瞻るや、不思議に此恐るべき罪と死との権能より免かれた。苦悶は失せ、罪と死との圧迫は去り、歓喜と自由は一身にみなぎるに至つた。その理由は充分に解し難い、しかし其事実は空に日の照る如く明かである。この実験に照らして第二節に対する時は、別に何等の思考を要せずして其語が其儘に自然と味得せらるゝのである。

第三十七講　救の完成（四）　第八章五～十三節の研究

・尚ほ注意すべきは羅馬書八章を研究する時の心得である。此章は救の完成について説いたものでパウロの信仰の絶頂であり、極致である。従つて之を理解することは容易でない。しかもパウロは今までと違つて之に数章を費さずして僅に一章を用ひたのみである故、文字は頗る圧縮されて居り、理解は一層困難となるのである。

・人は此世にありて肉体に包まれ生きてゐる。最も貴しと云はるゝ其霊魂さへも肉体の中に宿つてゐる。肉体を保持するために飲食、衣服、住居の必要がある。もし肉のために計ることが悪いと云ふならば、人は一時も生存してゐることが出来ぬ。

・肉をして人を支配せしめないやうに為る事である、即ち肉の支配を脱することである。聖霊の力を以て肉の支配を脱し、聖霊の指導の下に適宜に慾を処理してゆく。これがパウロの意味する所である。

第三十八講　救の完成（五）　第八章十四～十七節の研究

・神の霊に導かるゝ者は神の子である（十四節）。此霊はアバ父よと呼ぶ霊である（十五節）。聖霊は我等が神の子たることを證する（十六節）。かく既に神の子とせらる。然らば子として何か譲り受くる嗣業があるか。十七節に曰ふ「我等もし子たらば又後嗣たらん、即ち神の後嗣にしてキリストと偕に後嗣たるものなり」と。神の子とせられし者はキリストと共に後嗣とせらるると云ふ。然らば嗣業として何を賜はるのであるか。答へて云ふ嗣業は改造せられたる宇宙万物であると。神の子は改造せられたる体を与へられて、改造せられたる全宇宙を嗣業として受けるのである。之が神の子の特権であり、栄光である。全宇宙を改造して之を信ずる者に与へんとするが神の聖意である。

・改造されたる宇宙万物の賦与、之が神の側より視たる人の救である。救とは之れ以下の事ではない。神の子とせられたのは、即ち基督者とせられたのは之を与へられが為である。罪より救ひ、死より救ひ、遂に全宇宙を賜ひて其処に限りなき生命を附与する事これ即ち救である。

第三十九講　救の完成（六）　第八章十八～二二節の研究

・実に人類の堕落は地の堕落を惹き起した。人は如何に地を荒したことであらう。又荒しつゝあることであらう。今地を母とし人類を其子とせよ、母なる地は如何に豊富なる物資を子のために備へ置いたことであらう。先づ其一として石炭を挙げることが出来る。之は幾万年間の年月の産物であつて再び得がたき貴き物資である。然るに人類は其利慾にために之を空費すること激甚にして、もはや百二十年後には地中にそれを見る能はずと云はれてゐる。石油も同様であつて、近来の此濫用はその盡きる時の近きを思はせる。之等は皆戦争、及び平生の戦備、或は工業の為に用ひられるのであるが、善用さるゝ場合は少なく、多くは人間の愚なる好戦心、利慾心、企業心のために濫費せられて居るのである。之等は一二の実例たるに過ぎない。堕落せる人類が自然界を征服すると称して、破壊しつゝ来りしことは余りに明瞭なる事である。

・此の敗壊されし天然は人類の完成と共に完成せらるとパウロは言ふのである。以賽亜書十一章一節―九節に於ける預言者イザヤの大希望が、即ち羅馬書八章十九―廿二節に於ける使徒パウロの大希望である。

・人と天然と共に救はるゝ事、これ実に福音的救済である。茲に人類の希望が懸かつて居るのである。

第四十講　救の完成（七）　第八章二十二～二十七節の研究

・大完成の日、然り大完成の日、宇宙の完成、人類の完成、新天地出現の日、その日を全天然と基督者と聖霊とが確信を以て呻きつゝ、待望するのである。

第四十一講　救の完成（八）　第八章二十八～三十節の研究

・万物と基督者と聖霊とは同一の或一事を待望して呻く。呻きつゝ、或一事を待望する。或一事とは救の完成である。

・先ず神が其旨によりて我等を召き、キリストにありて我等を義とし、我等を神の子とするの恩恵を加え給うたのである。
・神は予め知る所の或人々を其子キリストに肖るものとせんとして、即ち完全なる救に達せしめんとして予め定める。その目的は其独子キリストを多くの彼に肖せたる者の中に嫡子たらせんとするに在る。即ち神の主目的はキリストの栄化であつて信者の栄化ではない。神はキリストを嫡子たらせんことを主とし、其従として信者を救ふのである。
・斯く云へば神は独裁者の如く、人はたゞ其器械として利用さるゝに過ぎぬ如く思はれる。併し乍ら宇宙の主宰者にして絶対者たる彼に独裁権がなくしては、宇宙は壊乱に陥るに至る。そして信者は神の立て給へる此大目的のために救はるゝが故に、其救はるゝ事が確実なのである。換言すれば自己のために救はれるに非ずして、神のために又キリストのために救はるゝが故にその救は確実なのである。

第四十二講　救の完成（九）　第八章三一節以下の研究
・神すでに我等の味方である、誰か我等に敵し得ん、神すでに独子を我等に賜ふ、などか彼と共に万物を賜はざらんやと述べたるパウロは、尚ほ進んで勝利の確実を高く叫ぶのである。
・今まではサタンに攻められて苦戦に苦戦を重ねた。防禦戦のみじめさを強かに味はせられた。しかし之からはもう敗走する敵を逐ふ追撃戦である。故に「罪せらるゝ事なし」ではない、「罪に定むる者は誰ぞや・・・」である。逃ぐる敵の後ろより挑戦の矢を放つのである。

・然らば天上天下のあらゆる物、過去現在未来の凡ての事、又他の宇宙の凡ての事物も、又我自身の限りなき罪さへも我をキリストによる神の愛より離らし得ないのである。さらば我が救はるゝことは今やあまりに確実である。我が救の完成、わが勝利、我がキリストの如き栄を衣せらるゝ事、それは今やあまりに確実な事である。されば歓べ人々、感謝せよ人々、十絃の琴に合せて歓びの凱歌を高らかに歌へ！

第三十四講が、救の完成について本質を簡潔に語っています。「十字架に於けるイエスの贖ひを信ずる」といった外からのものだけでは、救は完成しないのです。「神御自身が聖霊として我等の衷に下りて、我等の霊と合体し、以て我等を助ける」ことが救の完成であると断言しています。イエス・キリストへの信仰が自身の生活の基軸となるまで内面化され、常に行動の指針となることで、ようやく救は完成するのだと、言いかえてよいと思います。

「実験」という語がしばしば使われていますが、内村の常用語といってもよい言葉です。世に裏切られ、弟子に去られ、数多くの苦悩と悲哀に満ちた内村の人生を通して実感した体験を表現するのに、最適な言葉であると私は思います。また、事実を重んじ、一例にすぎませんが、日露戦争が正義の戦争などという虚構の論理に惑わされることなく真実を追い求めた、札幌農学校で水産学を専攻した経歴が物語るように、事実を重んじる科学者の眼がそこにあったのではないでしょうか。

第三十八講では、「救の完成」が、神の側から述べられています。人々が救われることで、日本が改造され、世界が改造され、宇宙が完成する、これが神から見た「救の完成」です。第三十五講の、「聖書の精神は平和実現の日を見ずば已まじと云ふに在る」とあい通じるものです。第三十九講では、天然資源の浪費と悪用など、人類の堕落を社会の現実のなかでの個別の問題として指摘しています。そして、そのあとに、このように破壊された天然は人類の完成とともに回復する、これがイザヤの待ち望んだ大希望であり、またパウロの大希望であったと述べています。個人のみならず、日本、世界、宇宙へと視野を広げているのです。

現在、日本では、アメリカいいなり財界のもうけ優先の政治から脱却し、憲法を守る政治の実現を目指した戦いが行われています。世界各地で、核兵器廃絶、戦争を即時中止し平和を回復する運動、貧困に苦しむ人々を救うための様々な運動が展開しています。しかし、日本では平和憲法をないがしろにした悪政がはびこり、世界各地で戦争は絶えることなく、誤った核抑止力に固執した勢力が核兵器廃絶を拒否し、人類の行き過ぎた「近代化」が異常気象を生みだし自然を破壊し、貧困と飢餓が世界中を覆っています。日本そして世界の改造と宇宙の完成を待たずに、人類は滅びるかも知れないその瀬戸際に立っています。イザヤからパウロまで約八百年、パウロから内村まで約一千九百年、内村から私たちまで約百年。神の御心は何辺にありや、希望は捨てきれないものの、絶望的な気持ちで問いかけざるをえません。しかし希望を捨てずに、イエス・キリストを仰ぎ見て闘い続けたいと思います。

第四十一講の「神はキリストを嫡子たらせんことを主とし、其従として信者を救ふのである」は、どう読み解けばよいのでしょうか。第四十二講の締めくくりで述べられた「キリストによる神の愛による救」、キリストに肖せた神の子として神に愛されることで、自身の努力によらずに得られた信者たちの救を、主ではなく従としているのです。神の目的は、キリストの栄化であって、信者を救うのは主目的ではない、この内容は、どのように理解すればよいのでしょうか。イエスが、もっとも小さい者を偏見なく愛したこと、その結果、政治秩序を乱すものとして、政治犯として十字架刑に処せられたこと、しかし神の独子であるイエスは、その後神によって復活したこと、これらを通してイエス・キリストの十字架を仰ぎ見ることが私たちの信仰です。しかし、私たちが信仰により救われたことは、神にとって主目的ではないというのです。

第三十四講から第四十二講の主題である「救の完成」を読み解くならば、ようやく、神にとってキリストの栄化が主で私たちの救が従であることを、理解することができるのではないでしょうか。第三十八講「改造せられたる全宇宙」、第三十九講「人と天然と共に救はるゝ事」これらの言葉に思いをはせれば、そして、神の御心が、個人の救にとどまらず、人類の救そして世界の秩序を正しく維持することにまで至るということを理解するならば、あらためて、私たち個人の救を位置づけることができます。世界の秩序を正しく維持するということの中身は、イエスが求めた世界の実現であり、そのことを「宇宙の完成」と言いあらわしています。個人の救が、破壊された天然を回復し、宇宙の完成をもたらす、すなわち、キリストの栄化によって、人と天然がともに救われることが重要なのです。信者の救だけが、神の最終目的ではないのです。だから、信者を救うことは従と、言いきっているのではないでしょうか。信者だけが救われるのではない、その彼方に宇宙の完成があるのです。このことの重要性を、真正面から受け止める必要があります。宇宙の完成の重要性を認識すればするほど、その完成に至る道の困難さを痛感せざるをえないのも正直なところです。

以上、第三十四講から第四十二講が、「パウロにとって救とは何なのだろうか」について、その答えを導きだすためには、最も根幹をなす講義であったと思います。

内村が大建築物に喩えた、本館第一棟「個人の救ひ」に続く本館第二棟は、「人類の救ひ」と題されています。第四十三講から第四十五講、『ロマ書』九章から一一章までの講義がこれにあたります。これらの講義についても、内村の記述にもとづいて、その要点となる部分を抜き書きしていきたいと思います。

第四十三講　ユダヤ人の不信と人類の救（一）　第九章一～五節の研究

・羅馬書研究の初めに当つて、我等は此書の主文を三つの本館にたとへた。其中第一本館は最大のものである。我等は八章までの研究を終へた、即ちともかくも此第一本館の大様を眺め終つたのである。そして其結構の大と内容の荘美とに驚いたのである。之よりは第二の本館に足を踏み入れねばならない。換言すれば、第八章までに於て個人の救は論じ盡されたれば、第九章よりはイスラエル及び人類の救の問題に入るのである。

・八章を口授しつゝある時、パウロの歓びは倍加し倍加しつゝ進んだであらう。そして其末尾の大奏曲に至つては、彼の歓びは彼の胸を張りさくほどの絶頂に達したであらう。併しながら此歓びの後彼は静かに思うたであらう。此歓びはキリストを信受せし者についての歓びである。然るに彼の同胞は如何。少数者を除きては皆この歓びの外にありて、詛はるゝ者となりつゝあるではないか。

・同胞の不信はパウロを憂へしめ痛ましめた。しかし彼は失望を以て終る人ではない。故にイスラエルの救が或形を以て或時遂に行はるゝを信じた。此の事を記したのが九章、十章、十一章である。即ちこれパウロのイスラエル救拯論である。彼はイスラエルの救はるべき時あることを信じて、こゝに失望より発して希望に終るのである。我等も日本民族に就て思ふ、今彼等が自己中心に陥りてキリストを拒否しては居るが、神は必ず或方法を以て我等の愛する此民を救ひ給ふであらう。故にわれらは喜びを以て刈り取る日の必ずいつか在るべきを思ひて、今涙を以て種を蒔きつゝあるのである。国人の無情と軽薄と冷淡とに屈せずして、主の道を説きつゝあるのである。

第四十四講　ユダヤ人の不信と人類の救（二）　第九章、十章の大意

・その憂と痛とは、同胞たるイスラエルの救はれざる事についてであつた。そして彼は同胞の救はれざる理由として三を挙げる。第一の理由は九章に、第二の理由は十章に、第三の理由は十一章に記される。彼等の救はれざる第一の理由は神の御心に因るのであると云ふ事、第二の理由は彼等の不信仰に因るのであると云ふ事、第三の理由は異邦人が救はれんため、且その結果として全人類が救はれんためであると云ふ事である。

・救はるゝ者も予め定まり、救はれぬ者も予め定まつてゐると云うふ。即ち謂ゆる予定の教義である。かく人の運命が至上者の心に於て定まつて居るものならば、人には何等の責任もないこととなり、努力奮励の必要は全くなく、伝道は無益の業となつてしまふとの疑義が当然起る。然り予定の教義は理論上には幾つもの困難を有す。しかし是人生の一の見方なることは明かである。即ち或人は自己の事をかく見るのである、見ざるを得ないのである。即ちこれ実験上の真理である。自己の既往を回顧するとき一切の出来事が我救ひのための準備であつて、神は我を救はんことを予め定め置きて此目的に向つて我を進めたのであると考へる。我救ひは決して我努力の所産ではない。

・イスラエルの不信は神の意志より出で又人の意思より出づると云ふ。然らばイスラエルは永久に神の斥くる所となるのであるか。否とパウロは答へる。彼は十一章に於て説きて曰ふ、イスラエルの今の不信は福音の光の異邦に臨まんためである。彼等が福音を斥けしために今

福音は異邦の暗き谷を照し、そこに異邦人は続々としてキリストに帰しつゝある。而して異邦の人救はれし後ち福音の光は再びイスラエルを照し、「イスラエルの人悉く救はるゝを得」るに至る。かくして全世界に生命の光ゆきわたり、地上の全民族に救は臨むのである。故に今のイスラエルの福音拒斥は、やがて全世界が之を信受する予備である。これがパウロの世界救拯論である。実に深妙なる歴史哲学、荘美なる世界の大観、雄大なる未来の預言と称すべきものである。

第四十五講　ユダヤ人の不信と人類の救（三）　十一章の大意

・彼は異邦人の続々として神に帰しつゝあるに対して、同胞の執拗なる不信を見るに忍びなかつた。けれども彼は眼を全人類の未来に向つて注いだ。そして全人類の救の日を期待し、且その一部として最後に起るイスラエルの救を予覚した。

・世界の現状如何、又我日本国の現状如何、溷濁迷乱の極と云ふべきである。神は何故かくの如く人類を導き給ふか、何故これを放置し給ふかとの疑問が起らざるを得ない。之に対する説明の第一は神の聖旨に依るとの事である。第二の説明は人類の意思に依るとの事である。人類は自から神と真理に背き来つた。之に対して彼等は責任を持たねばならない。乃ち神は之に対して相当の罰を加へて、彼等を此淆乱の中に入れかこめた。併し乍ら暗中に光を生み出す神は、必ずや此淆乱醜汚を通して人類を光明の境に導きゆくであらう。パウロが今の世に生れたならば斯く信じたに相違ない。我等亦かく信じ、かく望みて、パウロと共に神の智と識の富とを讃美しよう。

第四十三講の冒頭で、「個人の救は論じ盡された」と述懐していますが、『羅馬書の研究』の実に半数以上を占めている、これまで読み解いてきた第十講から第四十二講までの三三という講義数が、そのことを物語っています。第四十三講で、パウロの同胞たるユダヤ人の現在の不信の姿と将来の救への希望を述べて、「個人の救」から「ユダヤ人の救」へと、救についての最後の二つの講義、第四十四講と第四十五講が展開していきます。

第四十四講では、ユダヤ人が救われない理由を三つあげています。第一に神の御心に因る、第二に彼等の不信に因る、第三は異邦人が救はれんため且その結果として全人類が救はれんためであるとしています。第一の神の御心という理由は、第四十一講「救の完成（八）」においても講義されているように、「神が其旨によりて我等を召いた」のであって、信仰は自身の努力では獲得できないということを指していると思います。第二のユダヤ人の不信については、彼等が律法にこだわったことなど、歴史的事実の説明であると理解できます。問題は、ユダヤ人以外に布教し世界に広めるため、ユダヤ人を不信のままに置くとするということに論理性があるかどうかということです。ユダヤ人に布教できなかったから、ユダヤ人以外の世界に広まったとするのが普通の論理です。パウロは、そのようには考えなかったのです。人々が救われることで世界が改造され宇宙が完成するという視線からみれば、ユダヤ人に布教できなかったということは、パウロの布教に対する結果ではないのです。神の御心でなければならないのです。神が、ユダヤ人以外に布教し世界に広めるためにユダヤ人を不信にしたという、神の意志がそこにあると考えることができるならば、そこに論理が成り立ち、十分納得できるのではないでしょうか。そして最後にユダヤ人に福音の光が照らされるのです。第四十四講で、内村は予定論の教義について、「理論上には幾つもの困難を有す」と疑問を投げかけていますが、結論としては「人生の一の見方」として肯定しています。自力ではなく神の御心によってイエス・キリストへの信仰にたどり着いた者が実感できた神の業に対する思いであるだけに、予定論の教義については、まさに「かく見るのである、見ざるを得ないのである。即ちこれ実験上の真理である」としか言いようのないものだったのです。

また、本章の次節の問いかけである、「パウロにとって現実と観念は常に逆転しているという認識が内村にあったか」について、示唆を与えてくれる内容が、第四十五講には含まれています。イエス・キリストの十字架を仰ぎ見ることで、私たちは神から個人としての救を与えられました。この個人の救を、個人の救にとどめずに、ユダヤ民族の救、人類の救へと視野をひろげて、パウロは救というものをとらえていたと、内村は受けとめているのです。内村は、問いかけています。「世界の現状如何、又我日本国の現状如何、溷濁迷乱の極と云ふべきである。神は何故かくの如く人類を導き給ふか、何故これを放置し給ふかとの疑問が起らざるを得ない」、この文脈は、何を語っているのでしょうか。

パウロも、救の完成を、ユダヤの現状さらに広くローマ世界の現状のなかに、見いだそうとしていたと、内村は考えていたのです。そして、現状が暗闇であるがゆえに、現状を打ち破り、世界の完成に向けて、光を生みだす神を求めてやまなかったと、パウロの希望をとらえたのでした。

この事実は、救を観念の世界にとじこめていなかったこと、すなわち現実と観念が逆転していなかったことを証明しているのではないでしょうか。この問題のさらなる精査は、次節で行いたいと思います。

パウロにとって救とは何なのか、その答えを求めて『羅馬書の研究』に導かれて、大伽藍に喩えられた『ロマ書』の本館第一棟（個人の救）と本館第二棟（人類の救）を探索し、ようやく二つの本館を通り抜けることができました。大伽藍の本館には、多くの小部屋がありました。それが、第十講から第四十五講にあたります。この三十六室の小部屋を、くまなくのぞいてきたつもりです。小部屋には、内村の信仰の生涯を反映した講義であるがゆえの、大小の宝物が備えつけてあり、それらを見落とさないために、その一つ一つを書きしるしたのが、講義ごとの要約、抜き書きでした。その結果、多くの宝物という木に目を奪われて、救とは何なのかという森全体を、見渡せにくくしてしまいました。あらためて、これまでの読み解きをふり返って救とは何かという森全体を見渡せるように、視点を鳥瞰的に広げてみたいと思います。そして、その結果を、次のようにまとめてみました。

パウロにとって救とは何なのか、その答えは、「パウロにとって救とは、イエス・キリストを仰ぎ見ることである」につきることは明らかです。しかし、ここにたどり着くまでの、大伽藍の構造を知る必要がありました。

罪とは何かを知り、万人が罪人であることの自覚を持つこと、その自覚がイエス・キリストによりすがる信仰を生むことになるのです。十字架のイエス・キリストを仰ぎ見ることで、ようやく人は救われるのです。神の義とは、このように神が人に信仰を与えるということなのです。神から与えられた信仰を、持続し生きたものにするには、日々潔めるという積極的な能動的な努力が必要となります。そして最後に、神は個人のみならず、人類そして世界を救うということ、神は宇宙の完成を求めているということを知ること、これが、内村が読み解いた『ロマ書』の、本館第一棟（個人の救）と本館第二棟（人類の救）の構造であると思います。

（四）「パウロにとって現実と観念は常に逆転している」という認識が内村にあったか

前節で、「パウロにとって救とは何なのだろうか」について読み解くなかで、パウロが個人の救のみならず、ユダヤ民族の救、人類の救まで視野をひろげて、世界の現実のなかでの救を見すえていたこと、したがって、パウロも内村と同じく、現実と観念を逆転させることはなかったと述べました。それが、内村のパウロに対する認識であったと思います。このことを、さらに検証する素材として、『ロマ書』第十三章についての内村の講義から、この問題を読み解いていきたいと思います。

第五十三講から第五十五講が、『ロマ書』第十三章の講義です。これらの講義についても、内村の記述にもとづいて、その要点となる部分を抜き書きしていきたいと思います。そして、この三つの講義を通して、現実と観念の逆転の問題について、読み解いていきたいと思います。

第五十三講　基督教道徳の第三　政府と国家に対する義務　第十三章一～七節の研究

・第十二章に於て個人間の道徳を説いたパウロは、第十三章に入つて政府と国家に対する道徳を説くのである。かく云へば十三章は十二章とは全然別な誡めの如くに思はれるが実はさうでない。パウロは十二章の愛の教の継続として、十三章の対国家の道を説いたのである。人を愛すべし、我を苦むる人をも愛すべし、国を愛すべし、我を苦むる国をも愛すべしと、これ十二章、十三章を一貫して流る精神である。

・十二章末尾の此精神を以てすれば、十三章の対国家の道はたやすく了解し得らるるのである。先づ第一節に言ふ「上に在りて権を掌てる者に凡て人々服ふべし、蓋神より出でざる権なく、凡そ有る所の権は神の立て給ふ所なれば也」と。これ此世の政治的権能に服従すべしとの勧めである。そして其理由として、此世の政治的権能と雖も亦悉く神の立て給うたものであると強調したのである。基督者は神にのみ服従すべきであつて此世の権能に対しては毫も服従する要なしと主張する者を、パウロは戒めるのである。故に二節に於て言ふ「是故に権に悖ふものは神の定に逆くなり、逆く者は自ら其審判を受くべし」と。此世の権能に逆ふは神の立て給ひし権能に背くのであれば、即ち神の規定に背くのである。故に其審判を受くるに至ること当然であると云ふのである。全世界にわたれる神の統治を認め、制度尊重、秩序保続の健全なる精神をパウロは茲に鼓吹するのである。

・次に三、四節を見よ、「有司は善行の畏に非ず、悪行の畏なり。汝権を畏れざることを欲ふ乎、唯善を行へ、然らば彼より褒を獲ん。彼は汝を益せん為の神の僕なり。若し悪を行さば畏れよ、彼は徒に刃を操らず、神の僕たれば、悪を行ふ者に怒をもて報ゆる者なり」とある。此世の権威に対する道は只善を為し悪を避けるだけの事である。善を為すものは有司より賞せられ、悪をなす者は罰せらる。有司は神の僕である故、善を賞し悪を懲らす役目を行ふ。されば善をなす者は少しも此世の権能を畏るゝの必要がない。正しきを行ふ者に恐怖の襲う理由は寸毫もない。併し悪をなせば必ず有司の罰が来る。されば悪をなす勿れとパウロは警めるのである。依て進んで五節に於て言ふ「故に之に服へ、たゞ怒に縁りてのみ服はず良心に縁りて服ふべし」と。即ち刑罰の畏懼に依てのみならず亦実に良心よりして権能に服へと勧めるのである。

・まづ近代人はパウロの此教に抗議を提起して云ふ、これ古代専制治下に於ての誡めであつて現代の民本政治に於ては全然無用なるものではないかと。否然らず。いかなる時代の如何なる政治組織の下に於ても、一国の秩序を維持するための権能は必ずあるべきである。そしてパウロは此権能に服して、以て秩序を重んじ騒擾を悪み、平和順良を愛する民たれと勧めるのである。従つて此誡めは如何なる時代に於ても廃るべきものではない。且またパウロの此国権服従論は、十二章の愛及び愛敵の教よりおのづから引き出されたものである。即ち如何なる人をも愛し我敵をも愛するが基督者の道である以上は、良き国家に対しても悪き国家に対しても服従と愛とを以て対し、たとひ暴圧治下にありても尚ほ我を虐ぐる権能者に服ひ、且これを愛するの心を抱くべきであると云ふのである。従つてパウロの此国権服従の根柢に横はるものは、基督的愛の大精神である。茲に於てか知る彼の此の誡めの永久に廃らざる誡めとして残れることを。

・今や労働者は資本家の横暴残忍を攻撃し、資本家は労働者の怠慢無謀を攻撃してゐる。我等基督者は資本家が横暴なれば労働者に同情する。しかし又労働者があまりに無謀なれば資本家に同情する。基督者はあらゆる場合に於て正者の味方である。併しもし彼が資本家の一人であるならば、労働者の暴挙のために損害を受けても之をあまり問題としないのである。又労働者の一人であるならば、到底熱心に資本家攻撃に従ひて収入増加のために奮闘するの心を起し得ないのを当然とする。彼は既に財を天に貯へたものである以上、この世の財のことについては余り大なる熱心を起し得ないのである。此世の事に重きを置かぬものは、此世の事には無頓着である。そして斯く此世の利益問題に無頓着なる故無益なる抗争、反抗、騒擾等に従ひ得ないのである。愚かなる怒や自己の小利害の故に此世に於て争を起すことなきが、基督者の健全なる状態である。勿論神のため、又平和のため大なる運動を起し、又はそれに携はる場合がないとは云へない。けれどそれは稀のことである。平素は平和、服従、秩序、権能尊重の民たるのである。

・例へばクロムウェルの英国革命戦争、オレンジ公ウィリヤムのネーデルランド独立戦争、ジョウジ・ワシントンの米国独立戦争の如きは、何れも不義の跋扈を抑ふるべく義のため愛のために起つたのである。故に之は義戦として称揚せらるべく、又基督教徒の当然携はるべき性質のものと認めらるべきではあるまいか。叛乱と云へば叛乱であるが、之は基督教的に推奨―少くとも是認せらるべき性質のものではあるまいか。

この問題に対して先づ注意すべきは、斯かる場合の甚だ稀であると云ふ一事である。そして稀なる或場合には或は政権反抗が正しくあるとしても、そのため常の場合の反抗が正しいと云ふことにはならない。パウロは茲に基督者平素の心得を教へたのである。平素の場合に於ては政権服従を可とすると云ふ原理を述べたのである。然らば右の如き或特別の場合に於ては如何。パウロは一般の原理を述べただけで特別の場合には言及して居ない。けれども彼の精神のある所を見、殊に主イエスの心に訴へて見て斯かる場合に際しての最上の道をほゞ知り得ると思ふ。即ち政治の非違その極に達して民皆苦むの場合の如きにも、基督者は平和的手段にのみ訴ふべきである。先づ謙遜と静和とを以て権能者に向かつて抗議すべきである。幾度も〳〵繰返して抗議し、其他平和を超えぬ範囲に於ては凡ての道を取るべきである。百折不撓の心を以て目的の貫達を祈るべきである。併し乍らその目的が達せられずとて、武器に訴へて叛乱を起すべきではない。平和的手段だけに限りて、成敗は悉く大能の手に任せ奉るべきである。

・最後に注意すべきは、パウロの羅馬政府に対する態度である。十三章の権能服従の語は、事実的には羅馬政府に対しての服従を勧めたものである。史家ぼ認むる如く羅馬帝国の政治と云へば、地上の政治としては最も完備した政治であつた。凡ての点より見て人間の力を以て之れ以上に整備せる、之れ以上に威力ある、之れ以上に巧妙なる政治を見ることは出来ない。故に是れ民が――たとひ属国の民なりとも――喜んで服従すべき政治であつた。殊に此政治は基督教の世界的伝播にとりて大なる助となつた。かゝる完備せる政治組織の下に、福音はその盛なる交通網に乗りて、羅馬全版図に早くも弘まつたのである。されば此帝国も亦これ神の摂理の中に現はれしものである。故にパウロは此の政府に対しては、多くのユダヤ人の如く憎悪を抱かず、広く高き視点よりして之に大なる好意を寄せてゐたのである。これ彼の偉大なる精神より出でたことであつた。彼の権能服従論の背景として此事あるを我等は忘れてはならない。

・然らば我等は日本の政治に対して如何に考ふべきであるか。もとより其有する種々の病弊は痛歎すべきであるが、大体より見て比較的良政であると認めねばならない。これ外国漫遊の後故国に帰りし日本人の概ね認むる所である。又日本に滞在せる外国人にして之を認むる人も少くない。生命財産の安全、信仰の自由、或程度までの思想の自由等は慥に此国に存する。此国にありて我等は平和の中に福音を研究し、且宣伝することを得る。もしパウロにして今日我国に生れたならば、此国に於ける福音宣伝の自由と便宜との故を以て深く日本政府を徳とするであらう。そして一節―七節の如き政権服従論を唱へるであらう。

第五十四講　基督教道徳の第四　社会の一員としての愛　第十三章八～十節の研究

・八節―十節は十二章後半と同様に愛の教である。従つてパウロに反復又は冗長の罪を帰する人もある。併しながら十二章の愛は一個人として隣人に対して抱くべきものを云ひ、十三章のそれは国家の一員たる者に取つての法律の実行力としての愛である。同一の愛にしても、全然異なる立場より眺められたものである。甲は個人道徳としての愛であり、乙は国民道徳としての愛である。之は前後の関係より見て極めて明かなることである。

・八節前半「汝等互に愛を負ふのほか凡ての事を人に負ふこと勿れ」の一語は、パウロの発せし偉大なる語の一である。之を正確に訳せば「何人にも何物をも負ふこと勿れ、たゞ相互に対する愛だけは別なり」となる。何人にも何物をも負ふ勿れ、負債は悉く償却し義務は悉く果せ、但し愛を負ふことだけは全く別である。愛の義務は一生負うて居るべきであると云ふ意味である。

第五十五講　日は近し　第十三章十一〜十四節の研究

・十一章までに説きしは信仰、そして十三章十一節以下は希望である。キリストと其贖ひを信じて其大なる恩恵に感激するは、人をして愛の行に出でしむる根源である。しかし乍ら之だけにては根柢の強きあるも激励の足らざるを憾む。こゝに主再臨の希望ありて其時迫れりとの実感より強き刺激が加へられ、自からにして緊張せる信仰生活が生れるのである。即ち信望愛は常に相離れずして、信は愛の根柢たり望は愛の激励者たるのである。

・世の終末とよ！然り其時は今まで貴ばれしものが凡て賤きものとなり、今まで賤まれしものが凡て貴くなる時である。然り価値顛倒の時、これ即ち世の終である。その時は人の貴べる財宝の如き何の値すら有たない、一夜にして皆形もなく失せ去るのであらう。その時今の世の権者富者と称せらるるもの—即ち暗き夜たる今に於て跋扈跳梁せる蝙蝠族、梟族、鼷鼠族等は東天紅を呈すると共に其の姿を隠し、夜に於ては何の勢力もなかりし雲雀、斑鳩、鶯等は義の太陽の登上と共に歓喜に充ちて唄ひ又跳り、こゝに世界は全く転倒し、新世界は生れ、人類とその社会と宇宙とは茲に一朝にして完成するのである。この世界完成の希望こそ、我等此世にありて力なき者を励まして愛の行為に出でしむる最大の動力である。

・我等信によつて義とせられたる者は希望を併せ抱きて、この信とこの望とに励まされて此時

代にありて「光明の子」として愛の生活を営むべきである。暗き夜にありて決して失望せず、
黎明近きを信じて、光明の甲を着て歩むべきである。

これらの三つの講義を通して、現実と観念の逆転の問題について考えていくにあたり、それぞれの講義の表題に含まれる言葉がその観点を明確に示しています。「政府と国家」、「愛」、「日は近し」、がそれにあたります。

第五十三講「基督教道徳の第三　政府と国家に対する義務」、第五十四講「基督教道徳の第四　社会の一員としての愛」、第五十五講「日は近し」と順次読み解いていきたいと思います。

第五十三講の表題は「基督教道徳の第三　政府と国家に対する義務」です。政府と国家に対する個人の態度決定の問題を中心に、考察を勧めていきたいと思います。『ロマ書』第一三章第一節には、「すべての人は、上に立つ権威に従うべきである。なぜなら、神によらない権威はなく、おおよそ存在している権威は、すべて神によって立てられたものだからである。（口語訳聖書）」と書かれています。また、第一三章第七節にも、権威への服従としての納税義務の順守が具体的に記されており、これらを根拠に、「権能服従論」が成り立ちます。

内村は、『ロマ書』第一三章第四節と第五節を読み解くなかで、「併し悪をなせば必ず有司の罰が来る。されば悪をなす勿れとパウロは警めるのである」と述べています。したがって、『ロマ書』第一三章第一節の最後には、「しかし、悪をなす権威は偽の権威であり、神が立てる権威として

存在してはならない」と付け加えるべきと考えていたとも解釈できるのではないでしょうか。その根拠として、クロムウェルの英国革命戦争、オレンジ公ウィリヤムのネーデルランド独立戦争、ジョウジ・ワシントンの米国独立戦争を、内村が義戦として列記し、その歴史的意義を評価していることをあげることができます。イエス・キリストの十字架を仰いで自身の罪を悔い改めるにとどまり、現実の政治社会の悪に対して抗議行動をとらない贖罪論一辺倒の信仰ではないことをここに読み取ることができます。

ローマ帝国の政治を、地上の政治としては最も完備した政治であったとして称揚しています。整備された政治組織と充実した交通網とが、キリストの福音の布教に役立ったと述べています。私は、内村のローマ帝政への高い評価に対して、前著『平信徒が読み解く福音書』のなかで、ネロによる虐殺事件やユダヤ戦争をあげて、疑問を呈しました。続けて述べられている「日本の政治が大体より見て比較的良政である」との評価についても同じように疑問が残ります。政治、経済、外交の三つの分野で二二項目の当面の要求（「日本共産党綱領草案（一九二二年）」）を提起し、民主主義の旗をかかげて闘った同時代の人々の認識との落差について、批判的に読み解く必要があります。

第五十三講で取りあげた、日本の無産階級の解放運動の評価の問題についても、資本家にも同情するとの姿勢や、クロムウェルの英国革命戦争、オレンジ公ウィリヤムのネーデルランド独立戦争、ジョウジ・ワシントンの米国独立戦争といった義戦は歴史的に稀であるとの断定も、批判的に検証する必要があると思います。勝利に終わった革命戦争以外に、数知れぬ多くの敗北した人民の革命闘争の歴史があります。しかし今回、私が問題にしたいのは、これらの歴史の評価の妥当性ではありません。パウロの生きた時代のローマ帝国の政治経済状況への深い関心、クロムウェルの英国革命戦争、オレンジ公ウィリヤムのネーデルランド独立戦争、ジョウジ・ワシントンの米国独立戦争加えて、羅馬書講義がなされた一九二〇年代の日本の労働運動にまで言及している、内村の社会に対する洞察の広さです。内村が、政治経済の状況をとらえて、異議申し立ての行動も辞せずとしたうえで、イエス・キリストへの信仰の旗を立てていたことが、重要であると考えています。その信仰は、内村自身のものであると同時にパウロの信仰の姿でもあると、第五十三講を通して読み取ることができるのです。

第五十四講の表題は、「基督教道徳の第四　社会の一員としての愛」です。ここで述べられている、「一二章の愛は一個人として隣人に対して抱くべきも」そして「一三章のそれは国家の一員たる者に取つての法律の実行力としての愛である」との論旨に注目すべきです。「このように、いつまでも存続するものは、信仰と希望と愛と、この三つである。このうちで最も大いなるものは、愛である。（口語訳、コリント人への第一の手紙一三の一三）」として語られた「愛」が、現実社会の中で、法律の実行者の心をつき動かすものとして、定義されているのです。人を愛し、自国のみならず他国をも愛し、世界を愛すること、それは、平和と貧困無き平等な社会の実現に向けて活動する根源的な動機となるものです。非武装中立、非戦へのこだわりを、そこに読み取ることもできるのではないでしょうか。内村の選択した政治変革路線は第五十三講で強調しているように、「人を愛すべし、我を苦むる人をも愛すべし、国を愛すべし、我を苦むる国をも愛すべし」との平等平和の精神によるものでした。また、その実現に向けて、「謙遜と静和とを以て権能者に向かって抗議する」という平和革命の道を選んだということです。今日の日本の護憲革新政党がよってたつべき路線であることを考えると、百年前のこれらの言葉には、深い味わいがあります。

最後の第五十五講の表題は、「日は近し」です。主の再臨、世界の完成すなわち理想の実現という観点から考察していきたいと思います。ここでは、「神の国」は必ずや来るとの信念が語られています。「今まで貴ばれしものが凡て賤きものとなり、今まで賤まれしものが凡て貴くなる時」すなわち「価値顚倒の時」は必ず来るというのです。『羅馬書の研究』では多くは語られていませんが、現実の社会のなかで、内村が待ち望む神の国では、何が変革されるのかをこれらから想定することが可能です。イエス・キリストの十字架への信仰に立つことから、社会の変革は始まります。その先に、愛による日本と世界の変革が、展望されています。

『羅馬書の研究』で取りあげられた実現すべき課題に限って取りあげてみても、非武装による平和（第三十五講、第五十三講）、資源の有効利用（第三十九講）、労働者の権利獲得（第五十三講）、市民革命（第五十三講）、内村はこれらが成し遂げられなければならないと考えていました。『羅馬書の研究』では、道筋と時期について、語られることはありませんでした。講義当時、一九二〇年代の帝国主義・軍国主義に覆われた暗黒の日本と世界を顧みて、「世界の現状如何、又我日本国の現状如何、溷濁迷乱の極と云ふべきである（第四十五講）」として、内村は、絶望感を抱いたこともありました。しかし、内村は、それを乗り越えたのではないでしょうか。それが、第五十五講の主題です。「こゝに主再臨の希望ありて其時迫れりとの実感より強き刺激が加へられ、自からにして緊張せる信仰生活が生れるのである」との言葉は、主の再臨の信念に支えられた、絶望を乗り越えて見いだした希望であると、受けとめることができます。実現の時期は、遥か未来でも、人類とその社会とそして宇宙の完成を目指して、観念と現実が逆転しない緊張にみちた信仰生活が、主の再臨という信念によって保証されているのではないでしょうか。

パウロは、現実と観念とを逆転させることなく、現実と正面から向きあった、このように内村はとらえていたと結論づけることができるのではないでしょうか。

（五）おわりに

内村が最晩年にこだわった『ロマ書』三章の二一節以下を紹介して、内村を通しての『ロマ書』の読み解きを終えたいと思います。

矢内原忠雄は、一九四〇年に行ったロマ書講義において、次のように内村について述懐しています。

内村鑑三先生は、御自分の告別式に於いてロマ書三章の二十一節以下を読め、と言ひ遺されました。(『矢内原忠雄全集第八巻』、岩波書店、一九六三年、一六九ページ)

『ロマ書』三章二一節以下をここに引用します。

しかし今や、神の義が、律法とは別に、しかも律法と預言者とによってあかしされて、現された。それは、イエス・キリストを信じる信仰による神の義であって、すべて信じる人に与えられるものである。そこにはなんらの差別もない。すなわち、すべての人は罪を犯したため、神の栄光を受けられなくなっており、彼らは、価なしに、神の恵みにより、キリスト・イエスによるあがないによって義とされるのである。神はこのキリストを立てて、その血による、信仰をもって受くべきあがないの供え物とされた。それは神の義を示すためであった。すなわち、今までに犯された罪を、神は忍耐をもって見のがしておられたが、それは、今の時に、神の義を示すためであった。こうして、神みずからが義となり、さらに、イエスを信じる者を義とされるのである。すると、どこにわたしたちの誇があるのか。全くない。なんの法則によってか。行いの法則によってか。そうではなく、信仰の法則によってである。わたしたちは、こう思う。人が義とされるのは、律法の行いによるのではなく、信仰によるのである。それとも、神はユダヤ人だけの神であろうか。また、異邦人の神であるのではないか。確かに、異邦人の神でもある。まことに、神は唯一であって、割礼のある者を信仰によって義とし、また、無割礼の者をも信仰のゆえに義とされるのである。すると、信仰のゆえに、わたしたちは律法を無効にするのであるか。断じてそうではない。かえって、それによって律法は確立するのである。（口語訳聖書、ローマ人への手紙三の二一～三一）

矢内原の述懐は、一九四〇年九月のものです。内村が六十九歳で死去するのが一九三〇年三月ですから、内村の遺言であったと考えてよいでしょう。罪人であることに対する強い自覚、そのためにイエス・キリストによりすがってしか生きられない、イエス・キリストへの信仰だけが罪人である己を義とするものだという、生涯の実験に裏づけられた告白が、この遺言にこめられています。晩年においても、そして生涯求め続けていたものが、義とされること、すなわちイエス・キリストへの信仰による救であったのです。『ロマ書』三章二一節以下をこのように位置づけていたことは、パウロにとっての救が、内村にとっての救と同質のものであったことを、物語っているのではないでしょうか。

あとがき

『ロマ書』を、矢内原忠雄、藤井武および内村鑑三を通して読み解いてきました。それぞれの論点について、ふりかえりたいと思います。

矢内原忠雄については、第一は、パウロの生涯、その言葉と行動をどうとらえたか、第二は、「パウロにとって現実と観念は常に逆転している」という認識が矢内原にあったかを考察するということです。最後に『ロマ書』を読み解くなかでの唯物論に対する評価の問題も取りあげてみました。

藤井武については、第一は、パウロの生涯をどうとらえたか、第二は、罪からの解放とは何か、第三は「パウロにとって現実と観念は常に逆転している」という認識が藤井にあったどうかという問題です。

内村鑑三については、第一は、パウロとは何者なのだろうか、第二は、パウロにとって救とは何なのだろうか、第三は、「パウロにとって現実と観念は常に逆転している」という認識が内村にあったかという問題です。

私は、三人が共通した視点を持っていたことを読み取れたことが、重要であると考えます。

矢内原は、パウロの生涯を、迫害のなかで福音を伝えることに生死をかけ、義とは何かを徹底的に追求し、罪を深く自覚した者が生きるとはどういうことかを、実際の生活のなかでつかみ取った生涯としてとらえました。

藤井武は、パウロの人物像を、自身の前に置いて等身大にとらえて、生身の苦悶する人格として描きました。特にダマスコでの回心を、パウロの抑圧された自意識が、自身の潜在意識によって解放された結果としてとらえています。

内村鑑三は、パウロを、二度と裏切ることのないイエスに対する絶対的服従者であり、自身の意思に依らず神よって召された独立伝道者であったと解釈しました。

これらから共通して言えることは、矢内原、藤井そして内村が、自身の現在の苦悩と挫折した人生の歩みを通して『ロマ書』を読み解いているということです。イエス・キリストの十字架を仰ぎ見て歩むがゆえの、彼等の苦悩であり挫折であったことは、言うまでもありません。『ロマ書』という巨大な器のなかに、矢内原、藤井そして内村の人生が、それぞれ所を得てはめこまれているのです。『ロマ書』は、それを読み解いた者の人生を映しだすものであるということを実感しました。

私が共通の問題として問いかけた、「パウロにとって現実と観念は常に逆転しているかどうか」について、まとめてみたいと思います。矢内原、藤井そして内村が読み解いた『ロマ書』では、「パウロにとって現実と観念は逆転していなかった」という結論を、見てとることができたと思います。矢内原、藤井そして内村の人生そのものが読み解いた『ロマ書』であったがゆえに、「現実」が問題とされており、理想と程遠い現実に苦しみながら、現実を見すえて理想を求めて苦闘する姿を、そこに読み取ることができました。

「パウロにとって現実と観念は常に逆転しているかどうか」は、今回の読み解きだけで断定することなく、これからも問い続けていかなければならないことは、次に引用するパウロの二つの手紙からも明らかだと思います。奴隷制という過酷な現実が、『ガラテヤ人の手紙』では神の前での平等という観念的な理想によって逆転し、その結果『コリント人への第一の手紙』で書かれているように奴隷制の是認につながっていると読み取ることができるからです。

あなたがたはみな、キリスト・イエスにある信仰によって、神の子なのである。キリストに合うバプテスマを受けたあなたがたは、皆キリストを着たのである。もはや、ユダヤ人もギリシヤ人もなく、奴隷も自由人もなく、男も女もない。あなたがたは皆、キリスト・イエスにあって一つだからである。(口語訳聖書、ガラテヤ人への手紙三の二六〜八)

各自は、召されたままの状態にとどまっているべきである。召されたとき奴隷であっても、それを気にしないがよい。しかし、もし自由の身になりうるなら、むしろ自由になりなさい。主にあって召された奴隷は、主によって自由人とされた者であり、また、召された自由人はキリストの奴隷なのである。あなたがたは、代価を払って買いとられたのだ。人の奴隷となってはいけない。兄弟たちよ。各自は、その召されたままの状態で、神のみまえにいるべきである。(口語訳聖書、コリント人への第一の手紙七の二〇〜四)

このように読み解けば、私が、矢内原、藤井、内村が『ロマ書』を通して読み解いた結論と真逆の結論がでるということになるかも知れません。

パウロの手紙そのものから、様々な問題を読み解くことも重要ですが、私がたどり着けたのは、矢内原、藤井そして内村が、世に受け入れられず政治犯として刑死し復活したイエス・キリストの十字架の信仰を貫いたこと、その信仰が揺るがぬものであったがゆえに、日本社会と世界の現実とぶつかり、挫折しつつも理想社会の実現を求め続ける姿が、彼らのロマ書講義を通して読み解くことができたという事実であったことを、最後に強調しておきたいと思います。

〈著者紹介〉

平本 潤（ひらもと・じゅん）

1957年、奈良市生まれ。

1975年、大阪星光学院高等学校卒業。

1980年、慶應義塾大学経済学部卒業。　ユニチカ株式会社入社。

現在、株式会社クロスユーアイエス相談役。

著書に、『中村勝己と矢内原忠雄』（私家版、2014年）、『平信徒が読み解く「創世記とイザヤ書」―矢内原忠雄、藤井武および内村鑑三を通して―』（かんよう出版、2016年）、『平信徒が読み解く「福音書」―矢内原忠雄、藤井武および内村鑑三を通して―』（かんよう出版、2016年）。


平信徒が読み解く『ロマ書』 ―矢内原忠雄、藤井武および内村鑑三を通して―

2024年3月1日　初版発行

著　者　平本　潤
発行者　松山献
発行所　合同会社かんよう出版
〒530-0012 大阪市北区芝田2-8-11 共栄ビル3階
電話 06-6567-9539 FAX 06-7632-3039
http://kanyoushuppan.com info@kanyoushuppan.com
印刷製本　株式会社 PUBFUN
ISBN 978-4-91000-52-5　C0016　Printed in Japan

平本潤著

平信徒が読み解く『創世記』と『イザヤ書』

―矢内原忠雄、藤井武および内村鑑三を通して―

四六判　定価一、一〇〇円

平本潤著

平信徒が読み解く『福音書』

―矢内原忠雄、藤井武および内村鑑三を通して―

四六判　定価一、一〇〇円